まじめの罠

勝間和代

光文社新書

はじめに

この本は「まじめな人」に捧げる本です。「まじめな人」とは、ある目標に向かって一所懸命に突き進んでしまう人。「まじめ」は日本では褒め言葉ですが、本当に褒め言葉に値するものなのでしょうか。そのことを疑ってほしい、というのが本書の考え方です。

なぜ、こんなことを言うのでしょうか。

私はこれまで、「まじめな自分」と戦ってきました。
マッキンゼーに在職していたころ、ある同僚は私のことを「究極の優等生」と揶揄《やゆ》しました。言われたことは素直に受け取るし、やれと言われたことはやる。事実、私は100%以上の力を出して仕事に取り組んでいました。その結果、一部のクライアントや上司はコンサルタントとしての私の実力を評価し、いわゆる「ファスト・トラック」と呼ばれる早い出世を、中間管理職になるまでは達成しました。

しかし、そこで思わぬ壁に当たりました。

中間管理職になった私は、クライアントや上司の言うことをそれまで以上に真に受け、結果を残すために自分にも部下にも長時間労働を強いるようになりました。ところが、以前にも増して仕事にまじめに取り組むようになったにもかかわらず、ちっとも成果が出ないのです。

気持ちばかりが焦り、悪循環が続く日々……。そしてとうとう、メニエール病にかかって耳が聞こえにくくなり、家庭生活は離婚の危機を迎え、子どもたちの精神的な不安定さも増すようになりました。

そのとき、「仕事も家庭も120%のまじめさで取り組むと、必ず破綻する」ということがようやく実感としてわかってきたのです。

私はこの現象を「まじめの罠」と心の中で名づけました。

それからは、いつも自分が「まじめの罠」に入り込んでいないかどうか、チェックする習慣をつけるようになりました。

「まじめの罠」に気づくと、自分の行動も変わるようになりました。クライアントや上司の言うことは何でも聞き、それに応えるように努力していた私は、一部の仕事を断るようになりました。すると、それまで私のことを気に入っていた人たちは私から離れるようになったのです。

逆に言えば、それまでのまじめな私は、ただ単に駒として使い勝手がよく、上手に利用されていたに過ぎなかったのでしょう。

＊　＊　＊

この「まじめの罠」は、社会の至るところにしかけられています。そして、日本人のほとんどが、この罠にハマってしまっているといっても過言ではありません。

この本では、「脱・まじめ」の上手な行い方を考えていきます。

でも、これまでまじめだった人に、いきなり「まじめになるな」と言っても、それは無理な話です。また、まじめと一口に言っても、まじめの中にも残さなければならない大事なものはあります。

私たちは、ついつい「まじめの罠」に陥ってしまいます。私もそうです。でも、そんな自分も認めつつ、同じようなことに悩んでいる方の一助になればと思ってこの本を綴ります。

まじめの罠——目次

第1章

「まじめの罠」とは何か、
そして、なぜ「まじめの罠」はあなたにとって危険なのか

１‐１　「まじめの罠」とは何か

自分や社会を悪い方向に導くリスク

まず初めに「まじめの罠」とは何かを定義します。「まじめの罠」というのは私の造語ですが、これは、何かに対して、まじめに、まじめに努力した結果、自分を、あるいは社会を悪い方向に導いてしまうリスクのことを指します。

極端ですが、わかりやすい例を挙げましょう。人類の歴史上、これまで最もまじめで、かつ、まじめの罠にハマってしまった最悪の人は、ナチス・ドイツの総統、アドルフ・ヒトラーの部下だったアドルフ・アイヒマンでしょう。彼はナチス親衛隊のゲシュタポ・ユダヤ人課課長として、まじめに、そして忠実にユダヤ人の組織的虐殺の歯車としての業務を遂行しました。その結果、約６００万人ものユダヤ人を死に追いやったのです。

第二次世界大戦終結後、アイヒマンに対する裁判が行われます。どんな悪人面《づら》をした人物が現れるのかと固唾《かたず》を呑んで見守っていた傍聴人は、アイヒマンの姿を見て驚きます。彼はいわゆる「まじめな小役人」のような人物でした。

「自分は上の命令に従っただけ。自分には責任はない」と語ったアイヒマンに対する興味から、アメリカの心理学者、スタンレー・ミルグラムが行った「ミルグラム実験」(アイヒマン実験とも呼ばれる)という有名な実験があります。

詳しくは『服従の心理』(スタンレー・ミルグラム著、山形浩生訳、河出書房新社、2008年)に書かれていますが、この実験は、白衣を着込んだ「権威者」(実験者)が、隣室にいる見ず知らずの他人に「苦痛をともなう電気ショック」を与えるように被験者たちに指示して、どのような反応があるのかを調べるものでした。

常識的には、たとえ実験とはいえ、200ボルト以上のショックを他人に与えるのはためらう人が多いと考えるでしょう。ところが、被験者の約6割もの人が、最大で450ボルトのショックを他人に与え続けたというのです。すなわち、この実験は権威者の指示に容易に従ってしまう人間の心理を表したものでもあります。

私たちの身のまわりには、職場で与えられる目標の他に、あふれ返るほどの法律、または法律にまではなっていなくとも、さまざまな守るべき規則があります。そして、こうした目標や規則に、素直に、そしてまじめに従ってばかりいると、下手をすればいつのまにかアイヒマンと化してしまうのです。したがって、私たちは、いつでも、どこでも、「まじめの罠」

にハマってしまう可能性があるということをまずは覚えておいてください。

「まじめな人」とはどんな人か

では、その可能性をできるだけ低く抑えるためにはどうすればいいのでしょうか。

そのためには、「まじめの罠」にハマりやすい「まじめな人」とはどういう人なのかを考える必要があります。答えは簡単です。それは、「与えられた課題設定に疑いを持たない人」です。別の言い方をすれば、「与えられたものに対して逆らわない人」です。

私たちは残念ながら、「親の言うことは聞け」「先生には逆らうな」「お上は絶対だ」といった受動的な態度、「素直でいろ」ということをひたすら強要される社会に生きています。全体的に従順であることがよしとされる社会です。その従順さから逃れようとすると「空気が読めないヤツ」として社会から排除すらされてしまいます。

しかし、３月に起きた東日本大震災で私たちが身をもって経験したように、親だって、先生だって、お上だって、すべてに限界があります。

たとえば石巻市の大川小学校では、児童の約７割が亡くなるか行方不明になるという大変な悲劇に見舞われましたが、その背景には小学校の先生たちの「まじめな」指導がありました。

震災発生時、先生たちは校庭に児童を並ばせ、点呼を行います。学校のすぐ裏には山がありました。しかし、地震による倒木の危険があったため、先生たちは山は避難場所としては適切ではないと判断します。そして、「より安全な」高台を目指して避難することに決めたのですが、それは、津波に向かって逃げることを意味していました。

私は石巻を訪問したとき、この災害に巻き込まれ、親子3人を失ってしまった方のお兄さんに詳しく話を聞くことができました。校庭に児童を並ばせた先生たちがもたもたしているとき、一部の保護者は先生の制止を振り切り、児童を連れて自主避難したそうです。そして、その児童や親の一部は助かりました。一方、先生の指導にまじめに従った人たちは、迎えにいった親も含めて津波に遭ってしまったのです。私はこの話を聞いた夜、胸が痛くてほとんど一晩中眠ることができませんでした。

津波被害に遭った石巻市の小・中学校が数多くある中、ここまでの大惨事となったのは大川小学校だけでした。とても残念で心が痛む事例ではありますが、これは、「まじめだからこそ、かかってしまう罠」の一例でした。

すべてを疑ってみる

では、この「まじめの罠」を見つける、あるいは、「まじめの罠」にハマってしまったときに、そこにハマってしまっていると気づくために必要な能力は何でしょうか。まず必要なのは、「すべての前提を疑ってみる」「すべての前提を鵜呑《うの》みにしない」という考え方です。

私がかつて働いていたマッキンゼーでは、入社したコンサルタントの卵たちに、まずこのことをイロハのイとして「ゼロベース思考」という言い方で教え込んでいました。

私も、マッキンゼーに入社するまでは多くの人と同じように、政府が行っていることは正しく、大企業は優秀で、マスコミは中立の立場から正しいことを報道し、警察や検察は正義を守っていると信じていました。しかし、さまざまな前提そのものを疑い、裏読みする方法を習えば習うほど、必ずしもそうではないということがわかるようになったのです。

こうした、健全な疑いをもって事象を読む手法は、欧米では「クリティカルシンキング（批判的思考）」という言葉で定着しています。一方、日本では、「批判的」という言葉はネガティブなイメージをともなっています。批判＝悪口、といったような感じです。しかし、元々の英語のクリティカル（critical）というのは決してそんな意味ではありません。critical にはいくつかの意味がありますが、ここで使われているのは「involving skillful judgement as to truth, merit, etc.」という意味です。すなわち、真実を得るための判断としての思考なのです。そしてそのためには、スキルが必要になります。

正しい結論を導くためのクリティカルシンキングは、私たちが生きていく上での基本中の基本です。したがって、欧米の国々では家庭教育や学校教育の現場で、当たり前のようにクリティカルシンキングが育《はぐく》まれるような取り組みが行われています。人前での発表やディベートなどで、前提そのものを疑う発想を育てるのです。

ところが、日本ではなぜか、クリティカルシンキングそのものを誰も教えてくれません。それどころか、半分タブーのようにすらなっています。家庭や学校では、「人を疑ってはいけません」「親の言うことに逆らってはいけません」「先生の言うことは素直に聞きましょう」といったように、ただひたすら従順であることを美徳として教えるだけです。これでは「まじめの罠」に陥るのは必至です。

私がこうした「まじめの罠」にハメられるための教育から抜け出せたのは、マッキンゼーやJPモルガンなど、アメリカ系の企業に16年間にわたって勤めていた経験があるからだと思っています。日本でも、多くの成長企業の起業家はアメリカ留学の経験があります。ソフトバンクの孫正義さん、楽天の三木谷浩史さんなどがそうです。

彼らは、日本に蔓延《まんえん》する「まじめの罠」を外から見る体験を得たことで、日本におけるビジネスでの圧倒的な差別化に成功していると言えるのではないかと思います。また、三木谷さんは楽天グループで英語を公用語にしたことで話題になりましたが、これは、主に日本国内でしか使えない日本語という「まじめの罠」を助長する文化から抜け出すための一つの方法だったのではないかと私は考えています。

まじめであることの副作用

さて、ここまでの私の主張を聞いても、「まじめで何が悪いんだ」と思っている読者の方も多いと思います。まじめこそが日本人の美徳であり、欧米云々の話を持ち出されても腑に落ちないのではないでしょうか。

もちろん、私はまじめであることを完全に否定しているのではありません。まじめにはメリットもたくさんあります。まじめであれば、秩序はよく保たれ、気持ちよく暮らすことのできる社会を育むことができます。また、犯罪発生率は低下し、長寿社会を築くことができ、質の高い衛生環境やサービスレベルも生まれます。料理の質だって高くなります。

しかし一方で、「まじめであることの副作用」も大きいということを知ってほしいのです。

たとえば、マッキンゼーに勤める前の私がそうだったように、多くの人は、政府、官僚、メディア、検察、大企業などをまじめに信奉しています。すると、信奉される側の、いわゆる「お上」の側も欠点を持てなくなってしまうという構図が生まれるのです。

これはどういうことかというと、この構図では、「お上」の側に「信じてくれている人を裏切れない」という心理が働き、その結果、政府やメディアなど、情報の伝え手は絶対に間違えてはならないという「無謬《むびゅう》の存在」信仰ができあがってしまうということです。そのため、彼らが少しでも間違ったことをすると、今度は無謬の存在を信じていた「民」が、あらゆる面でバッシングをすることになります。すなわち、無謬の対象をスター化し、そのスターが失敗すると、今度は叩き落とすのです。

この構図は後の章でも詳しく観察しますが、そのいい例が私です。私は、一種の流行語にもなった「カツマー」を生んだとして、メディアや世間から持ち上げられた2009年から、今度は一転して、「勝間和代を目指さない」という宣伝文句に謳われた本に象徴されるように、2010年には「アンチカツマー」を生むなど、世間からさんざん叩かれました。つまり、「まじめな人」からの持ち上げと叩き落としはどちらも経験したというわけです。

「まじめの罠」は、素直で従順な人たちが、絶対無謬の「お上」からすべての目的を与えられ、その無謬の中で暮らすという構図から生まれます。だからこそ、無謬の対象というのは憧れになったりスターになったりするのです。でも、その無謬性がいったんでも失われると、それを信じていた人々は手のひらを返して今度はブッ叩くのです。

こうした、「無謬の存在」としてのまじめな組織と、それを叩く構図というのは、至るところで見つけることができます。

検察・旧日本軍・日銀……

検察、特に特捜（特別捜査部）は、ほんの少し前までは正義のヒーローでした。大衆が「何かおかしい」と思っている権力に対して敢然と立ち向かい、遠山の金さんの代わりに裁いてくれたわけです。ところが、厚生労働省（当時）の村木厚子さんに対する、前田恒彦元検察官の証拠捏造《ねつぞう》事件が起きてからというもの、検察は無実の人を有罪にする「悪の権化」と世間ではみなされるようになりました。

しかし、検察の体質がこの事件を境に急に変わったわけではありません。ただ単に、特捜では手に負えない事件が増えてきたにもかかわらず、まじめな自分たちの組織の無謬を保とうとして失敗した結果、まじめな人たちから叩かれたのです。

旧日本軍もそうです。もともと、戦前に旧日本軍の人気が台頭した背景には、政府による経済政策の失敗、世界経済の混乱の中での英米との関係悪化、陸軍内部の革命勢力による内乱（五・一五事件、二・二六事件）といった事情があります。そして基本政策に差異のない二大政党が足の引っ張り合いを繰り返した末に軍官僚が力を持ち始め、暴走し始めたのが戦争への序曲でした。

結局、どのように分析しても事前に負けることがわかっていた（事実、開戦しても最後は原油不足で必ず負けるという分析が内閣に提出されていました）戦争に、日本全体が、まじめに、まじめに足を突っ込んでいったのです。そして戦争中、旧日本軍は人々の英雄でした。ところが、敗戦が決定的になってポツダム宣言を受諾した後、今度はその旧日本軍は「軍国主義者たち」「ファシスト」などと一部の世間から呼ばれ、叩かれるようになったのです。

経済に目を向けてみても、日本銀行はかつて「通貨の番人」ともてはやされていました。しかしこの組織も、「まじめの罠」にどっぷりと浸かっています。インフレや国債の信用力低下を恐れるがあまり、あるいは金融政策に失敗して批判されることを恐れるがあまり、百害あって一利なしのデフレを長期化させ、「まじめに」大胆な手を打とうとしないのです。現在では、「デフレを長期化させている犯人」として批判の声が加速しています。近い将来には、「平成の関東軍」として、旧日本軍のように叩かれることでしょう。

「まじめ中毒」に自覚的になれ

とにかく、日本では持ち上げられる側も持ち上げる側も、みな、まじめです。私が通っているスポーツクラブでは、毎月１日が定休日になっています。これも、あえて休みを作らないと「まじめに」毎日通ってきてしまう会員が体を壊してしまったりするので、定休日を設けているそうです。

また、労働現場では「過労死」という言葉がそのまま英語として使われるほど、日本では超過労働や過労死が問題になっています。この問題の背景にも、日本人のまじめさが影響していると考えられます。

つまり、日本全体が「まじめ中毒」に陥っていることに、私たちはもっともっと自覚的になるべきではないでしょうか。

私たちのまじめさというのは、いってみれば文化であり、ＤＮＡです。同様に、私たちは同調傾向が強いとか、集団になりたがる傾向が強いとか、いろいろなことを諸外国から指摘されますが、その原因を究明するよりは、自分たちがそうした傾向にあるのだということをもっと自覚し、その対策を取るほうが建設的です。

東日本大震災後も、「このままでは水が危ない」とテレビで騒がれ始めると、みな「まじめに」水を買い占めに走っていました。もちろん、水だけではありません。食料品しかり、日用品しかりです。

ちなみに、こうした「まじめの罠」を加速させる装置がテレビです。テレビは視聴率を稼がなければならないため、日本人の共通して弱い部分、すなわち、「まじめの罠に陥りやすい性質」を発動させるよう、無意識に番組のプログラムを作ります。

一方、テレビによらなくとも、「まじめの罠」は、人々が何事に対してもあまり「疑わない」という枠組みの中で最大限の努力をしてしまうことから起こる現象でもあります。震災後の計画停電による電車運行本数の削減の際、私が強く違和感を抱いた光景があります。それは、帰宅ラッシュ時に規律正しく駅のホームに並ぶ人の列でした。

いつ大きな余震が起こるかわからないのに、狭い駅のホームにあれだけの人が並んでいるのは、どう考えても危ないことでした。しかし、次の電車がいつ来るのかわからなくても「並べ」と言われたら並んでしまうのが日本人なのです。しかも、そのまま並んでいたとしても、次に来る電車も満員で、結局は乗れません。

たしかに、待っていればいずれは電車に乗ることはできるでしょう。でも、このような有事の際、並ぶ前にどうして別の方法を思い浮かべることができないのでしょうか。時間をずらす、別のルートにする、自転車やバイクを使うなど、さまざまな代替手段はあるはずです。

つまり、こうした、一番混雑する時間帯に駅のホームの上でとぐろを巻いて並ぶような「まじめ」について疑問を抱いてほしいのです。そして、おそらく実生活の中でも、この「混んでいる駅のホームでとぐろを巻いて電車を待つ」と似たようなことを行っているはずなのです。今回は、ただ単に、それが可視化されただけのことです。

受験戦争による「まじめの罠」

この国の過度な「受験戦争」は、「まじめの罠」にハマりやすいタイプを作ります。受験戦争では、宿題を全部やり、基本問題をとことん解き、朝から晩まで寝る時間も惜しんで全身全霊を傾けて勉強し、模擬試験でも問題を全部パターン化してすべて覚えてしまう、といったような人間を大量に作り出します。

ここまでやれば、ある程度上位の成績を得ることはできるでしょう。しかし、その結果何が起こるのかというと、頑張って入った上位の学校でつまずくケースが多いのです。たとえば、中学受験ですごく算数の成績が良かったにもかかわらず、中学に入って算数が数学になってしまうと、とたんにわからなくなってしまうのです。算数を自分の考えで解く練習をせず、パターン学習で覚えていた場合は特にそうです。

これは数学に限った話ではありません。言葉も同じです。漢字の書き取りがすごく得意な人でも、読解文になったとたんにわからなくなってしまうのです。

つまり、答えが一つではなく、クリエイティブに解く必要のある設問が苦手になってしまうのです。答えに幅があると対応できない、一個一個の問題をすべて個別に読み解いてしまう——これが、受験戦争による「まじめの罠」です。

最近、ツイッター上で受けた質問に、「私は簿記の公式が覚えられないのですが、どうしたらいいのでしょうか?」というものがありました。私は、この質問の意味が最初はわかりませんでした。なぜなら、簿記は実務のために存在するもので、さまざまな経済事象を計算するときに式を立てるのですが、その理論的な背景さえ理解していれば、せいぜい四則演算の世界のため、公式を覚える必要などまったくないからです。

たとえば、原価差異はどうやって計算するのか、あるいは、棚卸《たなおろし》の先入れや先出し、移動平均の場合はどうやって計算するのかなどは、その背後にある理論をしっかりと理解していれば、暗記は不要です。私は、旧会計士試験をどうやって1年でパスしたのかと聞かれることが多いのですが、「正攻法で取り組まなかったから」というのがその答えです。もし、先に挙げたように、基本問題を繰り返し解くことに時間を割いていたら試験には受からなかったでしょう。そもそも、大学時代は授業とバイトの合間に専門学校にも通っていたので、すべての練習問題を解く暇などありませんでした。その代わり、授業に集中し、その背景にある概念を理解するようにしていたのです。

1-2 「まじめに生きる人生」は「幸せな人生」か?

「ふまじめ」の能力を磨け

では、なぜ多くの日本人は何事に対しても「まじめ」に取り組んでしまうのでしょうか。それは、不必要だと思われることには適度に手を抜く、あるいは相手の言うことのすべてをいちいち聞かないといったような、「ふまじめ」にあたる能力の開発をしていないからです。「まじめな人」ほど、与えられた解の範囲(ソリューションスペース)の中だけですべてを解こうとします。しかも、まじめな人ほど、自分ではそのソリューションスペースを認知できません。あるいは、そもそもソリューションスペースそのものを定義する習慣がないのだと私は考えています。

「まじめの罠」にハマるのは、あくまで習慣です。この本を読んでそのことに気づくことができれば、直すことができます。認知行動療法と呼ばれるものがありますが、まずは、「まじめの罠」に陥る危険を認知する力、そして、その認知に基づいて行動する力をつけていけば、人生がより楽になるはずです。

たとえば、マッキンゼーのような思考を売り物にする会社は、ものすごくまじめな人はあえて採用しません。なぜなら、まじめな人は、「社会に出ると、世の中のすべてはお上が予定調和的に正解を決めていて、その正解をただなぞっていればいい」という、まるで問題集を淡々と解いていくかのような姿勢を取りがちだからです。また、そういう人がうっかり入社してしまったとしても、「Up or Out」――昇進できないものは退社せよ――という仕組みがあるため、だいたい1～2年でクビになるのがオチです。

与えられた枠内で最大限の努力をしてしまう人、その枠自体が間違っているのではないかという発想のない人、そういうことに疑問を持つ人間はふまじめだとしか物事を捉《とら》えられない人――そうした人がまさしく「まじめな人」の典型です。

「勝間和代を嫌う人たち」はどういう人？

では、なぜ、そういう人たちは「まじめ」を追い求めてしまうのでしょうか。それは、その人たちにとって「まじめ」であることは正義であり、成功体験にもなっているからです。そのため、まじめである自分、努力する自分が一番の正義であり、一番の価値があることだと考えてしまうのです。そして、そういう人は「ふまじめな人」が基本的に大嫌いです。

私は、「勝間和代を嫌う人たち」のプロファイリングをだいぶしてきましたが、その過程でとても興味深い事実を見つけています。それは、私を嫌う人の典型的なパターンの一つが、「まじめに仕事をしているわりには成果が出ていない人」という事実です。より具体的には、高学歴であるにもかかわらず高収入を得ていないとか、頑張っているにもかかわらずつまらない仕事しか与えられていないような人たちです。それは男性でも女性でも同じです。

彼らにしてみれば、「勝間和代はまじめに見えない。自分たちのような努力もしていないように目に映る。それでも成果を出しているというのは、何かズルをしているに違いない」と考えるわけです。あるいは、「勝間和代という存在自体」が、自分たちの価値やアイデンティティを崩壊させるので許せないと考えるわけです。こういう人たちが一定数の割合で存在するので、まじめの価値を再考しようとしている本書も評判が悪くなる可能性は高いと思っています。

まじめの罠にハマっている人たちは、本当は意味がないかもしれないルーティンワークをつまらないとも思わず、コツコツと長時間それに耐えることが美徳であると考えています。

こういう人たちは、小さい頃から何に対しても我慢し続けてきて、小・中学校などでもいい成績を取り、いい学校にも入れて、名のある企業に就職することができて、結婚して、子どもがいて、郊外に一軒家を30年ローンで買って、1時間、あるいは2時間かけてせっせと会社に通勤して……といったような人生を歩んでいます。

さて、こういった人生は、本当に幸せな人生なのでしょうか?

ベルンハルト・シュリンクの『朗読者』

本章の冒頭で、アイヒマンの話からミルグラム実験について触れました。ベルンハルト・シュリンクの『朗読者』という小説に、似たような話があります。ちなみに、この小説は「愛を読むひと」というタイトルで映画にもなったのでご存じの方も多いと思います。

本書の中に、女性主人公であるハンナが、第二次世界大戦中に強制収容所で看守をしていたというエピソードがあります。あるとき、強制収容所が火事になり、ハンナは閉じ込めていたユダヤ人を死に追いやってしまいます。後の裁判で裁かれることになるハンナは、「私は看守だから、囚人たちを外に出すわけにはいかなかった」と述べます。

これは悪いコンプライアンスの典型例です。本来であれば、こうした火事などの有事の際は、囚人たちをいったん収容所の外に出して再び連れて帰るようにしなければならなかったはずです。しかも、囚人はナチスの誤った人種隔離政策で捕まってしまったユダヤ人でした。もしナチスが台頭していなければ、収監されるいわれのなかった人々です。罪を犯したわけでもなく、ただ単にユダヤ人であるということだけで閉じ込められたまま、殺されてしまったのです。

これには理由があります。実は、彼女は本当にまじめで優秀な人だったのですが、文字の読み書きができませんでした。そうであったがゆえに、彼女は限られた知識しか得ることができず、悲劇を生んでしまったのです。

この話は、実際にどういう知識を得、どういうことを自分で考えていれば、「まじめの罠」に陥らずにすむかを考えるきっかけを与えてくれるので、この小説を読む、あるいは映画を観ることを強くお勧めします。やはり、「まじめの罠」から逃れるためには、自分の枠組みをまずは疑ってみることが必要で、そのためには、その枠組みの外側にある知恵や人付き合いがなければならないということを示唆しています。

レッドオーシャン戦略とブルーオーシャン戦略

経済戦略用語に「レッドオーシャン」と「ブルーオーシャン」という対比を指す概念があります。レッドオーシャンとは、血で血を洗うような競争の激しい既存市場を指し、一方のブルーオーシャンとは、競争のない未開拓市場を切り開くことを指します。

より具体的にいえば、レッドオーシャン戦略というのは、たとえばもう何年も続いているラーメンブームの中でラーメン店を新規開店するとか、すでにブームが一段落しているツイッターを使って新規ビジネスを始めてみよう、などといったことを考える戦略です。

たしかに、新規開店したラーメン店で死ぬほど頑張り、いい味を出し、町中にチラシを撒《ま》き散らせば、それなりに売れて勝つことはできるかもしれません。ただ、それはよほどラーメンのことが好きで愛していないと疲れるだけの結果を招きます。

一方、ブルーオーシャン戦略というのは、店の軸を少し変え、ラーメンで勝負するのではなく、つけ麺で勝負するとか、つけうどんにしてみるとか、あるいは場所を変えてみるとか、さらにはご飯にラーメンの汁をかける商品を考えるとか、そうしたいろいろな手法を考えれ

ま

りに流行《はや》っ

つけ麺市場自体がす

としても遅いという話にな

　こういう話をレッドオーシャンで苦

ーメン道を究めたいんだ。お前はオレの人生を

ですが、こういう人こそ、まじめな人です。そして、こ

い場所をどんどん掘る競争にハマっていくと、ますます頑《かたく》なに

いきます。これはまさに、自分の限られた組織の中で限られた生活をして

で、「まじめの罠」にハマってしまうのです。

ハマってしまったのか？

ミコンを追い越したにもかかわらず、再びイノ

　クレイトン・クリステンセンに『イノベーションのジレンマ』（伊豆原弓訳、翔泳社、増補改訂版、2001年）という名著があります。これは、大企業がまじめに行動すればするほど、イノベーションから遠ざかるという事実を定量データを用いながら分析した本です。この

「イノベーションのジレンマ」と「まじめの罠」はまさに同じ構造です。

この本には、優れた特色を持つ商品を売る巨大企業が、まじめに、市場、すなわち既存顧客の言うことを聞けば聞くほど、高スペックの偏った商品ばかりを生み出してしまうという話が出てきます。その結果、別の顧客の需要に目が届かず、高スペックの商品より品質は劣っていても、新たな特色を持つ商品を売り出し始めた新興企業の前に力を失う理由を説明しています。

さらに、まじめに持続的な改善をしても、既存顧客とはまったく違うニーズを持った人々が満足してしまうような、いわゆる破壊的なテクノロジーがもたらされると、これまでの市場の全部を持っていかれてしまうという構造を説明しています。

なぜ、ＩＢＭはパソコン市場で勝てなかったのか？

なぜ、ＮＴＴはＩＳＤＮにこだわってＡＤＳＬ市場

なぜ、プレイステーションは

ベーションのジ

その原因をよく考えれば、理由は腑に落ちるでしょう。

＊　　＊　　＊

さて、「まじめの罠」について、だいたいのイメージはつかめたでしょうか。

ここまで読んでくださった方は、自分が「まじめの罠」にハマっていないかどうか、自問してみてください。次の章では、なぜ、この「まじめの罠」ができあがってしまうのか、より詳しく「まじめの罠ができあがる構造」を探っていきたいと思います。

第2章　あなたが「まじめの罠」にハマってしまうメカニズムを理解しよう

外部要因と内部要因

第１章では、「まじめの罠の恐ろしさ」について繰り返し伝えてきました。

では、なぜ私たちはこの「まじめの罠」に空気のようにハマってしまうのか、そして、なぜその罠から抜け出せないのか、そのメカニズムをまずは理解していただきたいと思います。

なぜなら、たとえば肥満から抜け出そうと思ったら、まずは肥満になる仕組みをしっかり理解しないと、また元の体に戻ってしまうからです。

とにかく、「まじめの罠」の体質改善のためには、その仕組みをトコトン理解することが大事です。人は、認知することで初めて行動できます。

「まじめの罠」は、外部要因と内部要因から成り立ちます。

・外部要因は、「まじめの罠」を生み出す生態系（エコシステム）が社会に埋め込まれていることです。

・内部要因は、「まじめの罠」に囲まれて育つと、私たちは大局観を育む能力を失ってしまうということです。

すなわち、私たちは間違った評価体系の元で間違った見方をするように仕組まれてしまっているということになります。

まずは、この外部要因と内部要因をそれぞれより詳しく説明していきます。

2-1 「まじめの罠」を生む外部要因――日本社会式エコシステムの存在

日本独自の生態系

エコシステム、という言葉をご存じでしょうか？　これは日本語では「生態系」と表現されます。ある環境下において、多様な生物が食物連鎖や補完関係などを通して、競争したり、協業したり、あるいは依存したりしながら、互いの生物としての生存を維持していく仕組みを指します。

この生態系は社会や経済にもなぞらえられ、企業や組織が存在すると、そこに従属したり統括したりする人がどのように動くのか、あるいは、全体としてどのような形で系が発展するのか、ということの比喩としても使われます。

ここで私が問題を提起したいのが、「日本独自の生態系」についてです。

携帯電話の例で説明しましょう。この世界では、まず認可権を持つ総務省がトップに位置します。その下にＮＴＴやＫＤＤＩ、ソフトバンクといった大手企業があります。その下に代理店があり、携帯電話メーカーがあり、携帯電話にさまざまなソフトウェアを提供する会社があり、電池やコードなど付属品を作る会社があり、家電量販店があり、顧客があり……といったように「日本の携帯電話の生態系」を作っています。

そして、この日本の携帯電話の生態系が海外の生態系とあまりにもかけ離れているため、独自の生態系を持つガラパゴス諸島にたとえて「ガラパゴス携帯」と揶揄されているのは周知の通りです。

しかし、このガラパゴス携帯は日本の携帯電話業界だけのことを指すのではなく、実は日本社会全体の状況にもあてはまり、これこそ、本書で問題にしている「まじめの罠」の構造と合致しているのです。このことを次に説明しましょう。

①「お上」（政府や大企業）に責任転嫁する「国民」と、
そのために「無謬」を求められる「お上」の相互依存関係

↓

②完璧主義――「無謬」だからこそ存在しない「ＰＤＣＡ」サイクル

↓

③「ＰＤＣＡ」サイクルで結果を評価したがらないからこそ、
「まじめ」というプロセス重視になる罠

①「お上」（政府や大企業）に責任転嫁する「国民」と、そのために「無謬」を求められる「お上」の相互依存関係

「祭り上げ」と「神殺し」

まず、ここでのキーワードは「責任回避」と「無謬」の相互依存関係です。

無謬とは、理論や判断に間違いのないことです。私たち日本人は「お上」に対して、ある意味でびっくりするくらいの「信頼」を抱いています。また、「お上」にいるエリートはとてもいい人であり、まじめであり、自分たちのことを真剣に考えてくれている――そう信じています。だからこそ、たとえば東大を出たような「アカデミック・スマート」として出世コースに乗った政治家や官僚、その集まりである大企業といった「お上」のやることに間違いはないはずだと考え、自分たちが安心していられることを求めています。

言い換えれば、「お上」に望むことは、自分たちの負担や判断を最小限にしてほしいという願いです。とにかく、なるべく安全、なるべく安心に毎日を過ごしたい。そのためにはリスクや責任はなるべくお上に転嫁し、自分たちはずっと安心な場所にいたい。そして、何ら

かの失敗が生じたときには、必ず人のせい、すなわち「お上」のせいにしたいのです。
こうした資質が日本人に備わっているため、日本社会の特徴の一つに「祭り上げ」と「神殺し」というプロセスがあります。これは、まずは自分が後で責任を取るのを防ぐために、普段から「神のように賢い人や集団」という存在を勝手に作り出し、祭り上げておくのです。すなわち、「私たちは、その賢い人や集団の言うことを素直に聞いていますよ」といつでも言えるような言動をとるというわけです。
しかし、その賢い人や集団が何かの際に失敗したりすると、今度は手のひらを返し、「神殺し」、すなわち、こうした人や集団を「神」の座から引き下ろすような行動を取るのです。第1章で挙げた私自身の例がそうであり、先の大震災で、政府や東京電力などに対するバッシングの嵐などもそのいい例です。そして、その儀式が終わると、また「新たな神」を探すようになります。

「何で電気が止まらないんだ！」

しかし、自分が責任逃れをすればするほど、実はリスクは増えていきます。リスクというのは誰かが管理しなければならないものですが、他人にリスクを押し付けていると、押し付けられた相手は「このリスクは、どうせ他人のリスクだから」と思ってリスク管理がおろそかになるのです。

経済学に、「プリンシパル＝エージェント理論」という研究があります。これは、本来、依頼主（プリンシパル）の利益の増大のために委任されている代理人（エージェント）が、契約に反して自身の利益拡大のために働き始めることを指します。経済学では、プリンシパルである株主と、エージェントである会社経営者の利害がぶつかると説明されます。

これを国単位にあてはめると、「国民」（プリンシパル）対「政治家や官僚」（エージェント）の問題になります。つまり、政治家や官僚は国民のエージェントであり、本来であれば政治は国民のものであるにもかかわらず、それに反して政治家や官僚自身のための政治を行うようになるということです。

では、なぜ、こうしたことが起こるのでしょうか。それは、プリンシパルである国民の側がリスクを取ろうとしないので、そのリスクをエージェントに丸投げしていると、エージェントの側はそのリスクを「テキトー」に管理するようになるからです。

震災時、リスクを取らない、すなわち判断をしたがらない国民という状況を端的に表したのが、計画停電の際の人々の反応でした。計画停電の際、停電実施予定地域に住んでいる人の中から、こんな抗議の声が上がったそうです。「もともと停電する予定だと書いてあったのに、何で電気が止まらないんだ！」と。

これこそ、まさにリスクを丸投げしている姿だとおわかりになるでしょうか。こうした際には、そもそも計画停電自体がおかしいのではないか、あるいは停電の優先順位に誤りがなかったのかとか、そういうことに意識を向けるべきでしょう。そもそも計画停電の仕組みというのは、東電が勝手に行っている需要予測に基づいて、「停電しなきゃ間に合わない」と言っているだけの話です。実需は彼らの予測よりもはるかに少ないことは多々ありました。

つまり、情報開示がきちんと行われていないにもかかわらず、みんな「お上」の言うことに素直に従うわけです。なぜなら、事故を起こしたとしても「お上」は「お上」であり、無条件の信頼を寄せているからです。私は東電に対して事故の責任を問う公開質問状を提出しましたが、これは本来、もっと多くの国民やマスコミも行うべきものでした。もちろん、これだけの事故ということもあり、「お上」に対する批判的な論調も一部では見受けられますが、まだまだ、「お上と国民の病的な相互依存関係」は続いているといっても過言ではありません。

「まじめ対まじめ」の究極の戦い

次に、「無謬」と「まじめの罠」の関係に触れておきましょう。

私は、現在の日本の政治の問題は、小選挙区制にあると考えています。この制度を導入したことによって、衆議院議員が「まじめな人」ばかりになってしまいました。つまり、政策で評価されるのではなく、いかにまじめに町内会の会合などにちょいちょい顔を出して支援者と握手したのか、といったことが評価されるようになってしまったのです。町内会の会合しかり、運動会しかり、結婚式しかり、忘年会・新年会しかりです。選挙区が狭ければ、こうなるのはある意味で仕方ありません。この結果、小選挙区制では「まじめな人」が選ばれやすくなります。

しかも、現在は事実上、政党推薦がなければ小選挙区では選挙に勝てません。政党で候補者を選定する際にも、そういう「まじめなことができそうな人」（＝既存のルールに従ってコツコツと業務をこなしてくれる人）を選ぶのです。さらに、他の政党も同様にそういうまじめな人を選ぶので、「まじめ対まじめ」の究極の戦いが始まるわけです。

そんな、まじめな人たちのトップにいるのが総理大臣です。だから、総理大臣は「絶対無謬」でなければならなくなります。また、先に触れたように、国民は責任を取りたくないという性質を持っているので、国のトップが「絶対無謬」でないと困ることになります。もちろん、絶対無謬の総理大臣など存在しません。そして、『祭り上げ』と『神殺し』のプロセスを経て、私たちは平成の23年間で16人もの総理大臣を取り替えました。

日本式の民主主義の仕組みには、もともと「憲政の常道」というルールがありました。つまり、選挙をしないで総理大臣をとっかえひっかえしてはいけない、首相が代わればそこで衆議院を解散して国民に信を問う、という議会の暗黙のルール（慣習）があったのです。しかし、田中角栄元首相が権力の座から降りたあたりから、この「憲政の常道」のルールはすたれてしまいました。

しかも、選挙制度が、中選挙区制から、まじめをひたすら加速させるアクセラレーターのような小選挙区制に変わってしまいました。今の国会で見られる「ねじれ現象」というのも「まじめの罠」のもたらした結果みたいなものです。

先の衆議院議員選挙で、私たちは民主党政権を選択しました。自民党の無謬性から、民主党の無謬性を選んだのです。しかし、選んだときはまるで救世主のようにもてはやしましたが、いまとなっては厳しい批判の目を向けています。すると、次の参議院選挙では野党という反対勢力にまじめに投票することになります。「自民党さん、ごめんなさい。あなた方のほうが、民主党よりは『お上』としてはマシでした」というわけです。こうなればねじれ現象が生まれるのは必然です。

３カ月で１００点取る人と、２日で80点取る人

こうしたまじめな態度、姿勢というのは、おそらく教育を通して刷り込まれてしまうのではないでしょうか。これはあくまで自分の経験上の話ですが、コツコツまじめに勉強している人ほど、インプット時間がやたらと長い印象があります。

では、たとえば３カ月勉強して１００点を取る人と、２日だけの勉強で80点取る人がいたとしたら、どちらを評価するでしょうか？

私なら、もし就職面接などで両者が受けに来た場合には、間違いなく後者を評価します。しかし、日本では全体的に前者が評価されます。

こうした、世の中にある既存の評価体系に子どもの頃から慣れ親しんでいることは、読者の皆さんも容易に気づかれることでしょう。そして、１００点を取るためだったらいくらでも時間をかけていい、というのがまじめの原点ではないでしょうか。

一方、２日だけの勉強で80点取るような人は、「ふまじめ」だとみなされます。しかし、

後者のほうがよほど効率的ではないでしょうか?

でも、勘違いしないでください。では、ただ単に「ふまじめ」でいいのかというと、それは間違いです。「ふまじめ」と「努力しない」というのはまた別の話です。また、怠惰であることを「ふまじめ」だと勝手に解釈する人も多いのですが、それも間違いです。この場合の「ふまじめ」というのは、「非まじめ」と表現したほうが正確かもしれません。

私がここで説明している「ふまじめな人」というのは、「柔軟な発想でいろいろな抜け道を探すことができる人」といってもいいでしょう。

いずれにせよ、まじめな人というのは「抜け道を探す」などという発想を持つことができません。そして、与えられたやり方のみが唯一の正しい道だと考え、そこでもしうまくいかないとキレてしまいます。

② 完璧主義——「無謬」だからこそ存在しない「PDCA」サイクル

まじめな人は完璧主義にこだわる

そもそも、まじめな人たちは無謬性、完璧主義にこだわります。無謬性、完璧主義の下では、絶対に間違いが起こらないことが前提なので、ＰＤＣＡサイクルも存在しません。そして、スタートの段階からまじめに、完璧を目指してＰｌａｎ（計画）を立て、そのＰｌａｎ通りにＤｏ（実行）できないと、「自分って、なんてダメなのかしら」という自分攻撃すら始まってしまうのです。

本当なら、そんな自分のダメなところを認めて、Ｃｈｅｃｋ（評価）、Ａｃｔｉｏｎ（改善）へと結びつけていかなければならないのですが、そもそも「失敗する自分」というのが許せないので、「失敗はなかったことにしよう」という隠蔽《いんぺい》体質を生むのです。

また、完璧を求めることで、人々はある種の「全能感」を持つようになります。そのプロセスは、絶対無謬の「お上」にすり寄ることで「お上」と自分を同一化、一体化し、自分も完璧の仲間入りをしてしまうというものです。これこそが、日本の完璧主義のもう一つの側面です。

たとえばテレビに出ているタレントに対しても、日本ではある程度の完璧さを要求します。以前、酔っ払って服を脱いだことで大騒ぎになったタレントがいましたが、彼は当時、かなりのバッシングを受けました。誰でも、酒が入れば失敗の一つや二つはあると思いますが、有名タレントはそういうことは許されず、あくまで完璧であることが求められるのです。しかも、その事件でタレントは、誰かに対してそれほどひどい迷惑はかけていませんでした。しかし、「私たちの幻想が崩された」と世間からの圧力を受け、謹慎処分を受けたのです。これは、どう考えても行きすぎだと感じるのは私だけでしょうか。

『恋愛経済学』(扶桑社、2011年)でも述べましたが、フランスのシラク前大統領が不倫していることについてどう思うかと日本のテレビ局がフランスでインタビューしたとき、人々の反応は「なんでそんなことをいちいち聞くんだ？　政治的な能力と不倫に何の関係があるんだ？」というものでした。これが日本なら、総理大臣は即座にクビでしょう。

減点法に支配される日本

日本は全体的にまじめで、先生も学校も塾も親も、とにかく「間違えないこと」を重視しています。間違えると減点されるという減点法に支配されています。しかし、減点法にすればするほど、リスクを取って加点を目指すより、減点をなくそうという方向に動きます。

また、日本というのは、食品の安全基準が他国と比較しても極端に厳しいことからもわかるように、無限の安全性といったものが常に求められるような国です。さらに、以前、国有林の枝が落ちてきて大ケガをした人が、国の管理が悪いと訴えて裁判で勝利したように、

「安全神話幻想」を常に与えていなければならないような国です。

そして、こうした「無謬性信仰」は消費者からのクレームでますます強化されます。

たとえば、アマゾンの宅配。私は、アマゾンから本の入った箱が届くたびに、「日本のアマゾンの箱って、なんて綺麗なんだろう」と思います。文字通りピカピカで、このままもう一回でも二回でも使えるのではないかと思うくらいです。表面もすべすべで、端から端までピタッと正確に包装されています。これがアメリカならどうでしょう。箱はボロボロです。箱の形が曲がっていたり、斜めになっていたりするなんてこともしばしばです。

おそらく、日本のアマゾンがアメリカのアマゾンのような段ボール箱を使ったら「箱が汚い」とクレームがくるのではないでしょうか。その結果、日本では過剰品質の製品であふれることになります。

世の中の物に余計なコストがかかるのは、ひとつには「まじめな人たち」からのクレームがうるさいからです。クレーマーなんて無視すればいいと私は思いますが、「まじめな企業人たち」も、なるべくクレームが出ないような商品を考えるため、クリエイティブなことにリソースを使うより、クレーム対策に使うリソースが多くなってしまうのです。企業の商品開発ですら、まさに減点法が支配する世界なのです。

これも、無謬性信仰の証拠です。とにかく何にでも完璧さが求められ、クレームを避けるためにはどうでもいいと思われるようなところにまで気を使わなければならなくなります。こうして過剰品質の製品が生まれてしまうのです。すると、結果的に消費者は高いものを買わされることになります。

この影響は、企業の利益にも反映されます。日本の製造業は国内向けの商品の利益率が低いことで知られていますが、これは、これらの過剰品質の製品という「まじめな競争」が企業の足を引っ張っているからです。いわば、「クレームと過剰品質の相互依存関係」です。

漢字が一字間違っていました？

この関係はマスコミも同様です。マスコミが誤報を出したとき、国民からのバッシングにはすさまじいものがありますが、これも、過剰品質（無謬性）とクレームとの変な均衡関係があるからです。つまり、マスコミというのは神のように何でも知っていなければならず、だからこそ、マスコミが間違えるようなことがあればクレームの嵐が吹き荒れるのです。

私は、テレビに出ている人のことを、なぜ「セレブリティ」と呼ぶのだろうといつも疑問に思っていました。そして、自分がテレビに出るようになって初めてそのことがわかりました。その背景には、テレビというのは無謬のメディアであって、そこに出ている人は自分たちよりも一段エラい存在だ、という思い込みが横たわっているのです。

テレビでは、番組中のテロップの漢字の間違いのような細かいことにまでいちいちクレームの電話をかけてくる人がいます。そしてテレビ局側も、そういうのをいちいち直したりします。「先ほど、スーパーの漢字が一字間違っておりました。お詫びして訂正します」といったように。そんなこと、ハッキリ言って「どうでもいいじゃん」と思いますが、日本ではマスコミですら減点法の世界で、なるべく減点されないような報道をするようになるのです。

こうしたマスコミの姿勢は、源流をたどれば「大本営発表を垂れ流すだけの、政府の広報機関としてのマスコミ」に行き当たります。対米開戦直前の日本では、戦争遂行という「まじめな目的」のために新聞社が自ら進んで「大日本言論報国会」という自主規制団体をつくり、報道の自由を捨ててしまいました。その結果、戦果報告が歪み、負け戦による敗走を「転戦」などと称して国家レベルの情報隠蔽が行われるようになったのです。

そして敗戦によってマスコミの無謬性が失われそうになると、今度は「自分たちは軍に騙《だま》されていた！」などといって、共犯者である軍官僚を裏切り、今度は進駐軍に擦り寄ったのです。戦時中は日本軍を礼賛していたマスコミは、敗戦後、「マッカーサー万歳」みたいなことを平気で言って、進駐軍の言論統制にもまったく抵抗できませんでした。

「想定外」が繰り返された理由

では、なぜ人々は何に対してもここまでの完璧さを要求し、要求される側も過度の完璧さを追い求めてしまうのでしょうか。その根底にはやはり、多くの人が減点法で育てられてきてしまったという、教育の問題があると思います。

減点法に支配されている世界の中で育つと、毎日毎日、親や先生から欠点ばかりを指摘されて育つため、自分に自信がなくなり、欠点を埋め合わせることに意識が向くようになります。それが、過剰な完璧さを求めるひとつの下地になるのです。

そして、そういう人に限って、大人になってから他人にも減点法の世界を適用してしまうことになります。

それを端的に示すのが、「お上」です。「お上」というものは、「決められたことは全部守っています」と言って、あとは「想定外」として責任を取らないのが常です。事実、先の震災後の記者会見や国会の答弁の場でも、ひたすら「想定外」という言葉を繰り返し述べていたことは周知の通りです。

つまり、「想定外」とは、「決められたことは守っています」「平時の際に行うべき対応はすべてやりました」とアピールしているにすぎないのですが、それは、彼らの思考が「言い訳中心主義＝減点法」で組み立てられているからです。

さらに言えば、そうした思考を持っている人は、もし失敗したとき、「どうして失敗したんだ！　なぜ○○はやらなかったんだ！」と、後で非難されるのを何よりも恐れるようになります。

特に、小さい頃から成績がよかった人は、自分の「無謬」、すなわち、テストでできる限り１００点を取る、というところに価値があると思い込んでいます。そして、主にそういう人が官僚や政治家になるので、無謬である自分を愛し、判断を間違えてしまうというわけです。

③「ＰＤＣＡ」サイクルで結果を評価したがらないからこそ、「まじめ」というプロセス重視になる罠

「無駄な努力」が評価される日本

ここまで見てきたように、「まじめの罠」の世界にはＰＤＣＡサイクルが存在しません。

そして、すべての結果は無謬、すなわち、ミスがないということにしてしまいます。

では、評価は何で行われるのか。それは、たとえば仕事でいえば、どれだけ「まじめ」に取り組んだのかという、プロセスを審査することになります。

そして、この、まじめ、かつ無駄な努力は、「まじめな世界」では評価されます。そして、この「まじめの罠」にハマった人たちは、「熱心に頑張っている人」ということで評価されます。典型的なのは、長時間労働です。いくら結果を出していなくても、長時間労働をしているということで許されてしまうことが日本では往々にしてあるのです。

しかし、この長時間労働には次のような側面があります。

私はコンサルタントとして仕事をしていた頃、長時間労働をいかに減らすかということを商売にしていました。

無駄だと思われる業務や会議の意義について、クライアント企業の管理職に「なんでこれをやっているんですか?」とか、「なぜ、このプロセスや書類が必要なのですか」と聞いてまわっていました。衝撃的だったのは、超一流企業と言われている企業の管理職にいるような人たちの多くが、その質問に「みんながやってるから」「これまでそうだったから」と答えたという事実でした。これまで、光り輝く存在として目に映っていたあの優良企業の中身は、実はこうだったのか――――、と。

つまり、何となく「この仕事、このやり方は意味ないよなー」と感じていても、「みんながやっているから」「これまでそうだったから」という理由で誰も何も言わず、黙々と行うのです。しかし、そんな業務や会議は、会社が強制しているわけではありません。でも、まじめに、まじめに、これまで習慣として行ってきた仕事を地道にこなしていくのです。

日本企業にはびこる長時間のサービス残業はその典型です。もちろん、実際の仕事量が多いということもあるでしょう。しかし、自分だけ先に帰ってもいいような場合でも、何となく帰りづらいのでただ残る、残るとヒマだから仕事するといったようなことも多いのが実情ではないでしょうか。「部下が帰らないから上司が帰れない」「上司が帰らないから部下が帰れない」というわけです。そして、そのまま居続けていると夜の9時くらいになってしまい、じゃあ飲みに行くかという話になって、そこで社内のどうでもいい話をグチるのです。

一人一人が勇気を出して「今日は帰ります」と言えばいいものを、職場の空気を乱すのが怖くて誰も言わないのです。変わり者だと見なされるのが怖いのです。

会議が仕事だと勘違いしていないか？

一方、企業において、稟議書《りんぎしょ》や企画書をやたらに書かされるのも、紙にしておけば後で免責になるからです。スタンプラリーのような感じで、課長のところに持って行ったらこれはこうだと言われて書き直し、今度は部長のところに持って行くと違うことを言われ、本部長のところに持って行くとまた違うことを言われ……、といったように、ほとんど子どもの使いのようになってしまうわけです。こうして免責を求めていくことで、仕事をした気になるのではないでしょうか。内容はどうでもよく、後で自分が責任を取らされないように最初から言い訳を考えるのが仕事なのです。もちろん、こんなスキルをいくら持っていても転職には何の役にも立ちません。

会議で話し合いをするのも免責を求める行為の一種です。会議が仕事だと勘違いしている人たちはいまだに多いのですが、そこで行われていることは、それこそ事前の責任のなすり合いです。これまでコンサルティングをしてきた大企業の幹部は、極端な事例でいうと勤務時間の80～90％が会議でした。

また、私は政府機関の様々な有識者会議に出ることが多いのですが、局長や課長クラスの官僚の後ろに、ズラ――――ッと、その部下（？）らしき人たちが何十人も待機して並び、約２時間の会議中、ひと言も発言しないまま座っている光景をよく目にします。もちろん、会議の内容を共有したり、いざというときは質問に答えられるようにということで待機しているのはわかるのですが、あまりにも無駄です。

ただ黙っているだけなら、その場にいなくてもよさそうなものです。

なぜ、こんなことになるのでしょうか。それは、現在の日本が本当の競争をしていないからです。もう少し正確にいうと、本来あるべき自由な競争が別の形にすり替えられているためです。それが、「まじめ競争」とか、「長時間労働競争」なのです。日本は、ＯＥＣＤ諸国の平均に比べて１時間当たりの付加価値生産高が80％しかありませんが、こんな働き方をしていたらそれは当然です。

大企業という抵抗勢力

マクロ経済環境において、90年代後半から、日本の国内の競争はむしろ緩和しています。既得権者は競争しなくてもいいような環境になっています。もちろん、その原因の根底にあるのは、日本銀行という一種の「社会主義勢力」が徹底的に推し進めたデフレです。このデフレという経済環境は新規参入のプレイヤーに非常に厳しく、他方、既得権者としては大歓迎となります。

デフレ経済は、新規参入を難しくする一方、既得権者たちによる、限られたプレイヤー間でのママゴトのような競争をすることを許すものです。

たとえば、携帯電話のシェア争いにおいて、カメラの画素数を上げるとか、どうでもいいような機能を増やすとか、似たようなサービスをドンドン作るとか、要するに、与えられた枠組みの中で、しかも既存のプレイヤー同士で、細かいスペックを競い合うような事態を招くのです。その結果、技術的に優れていた日本の携帯は「ガラパゴス携帯」、通称「ガラケー」と言われ、国際競争力をまったく失ってしまいました。

健全な経済運営をしている国であれば、既存のプレイヤーが設定している誤った競争の枠組みそのものを破壊するような新しいテクノロジーに対して、資金的に応援しようとリスクを取る投資家がたくさんいます。実は、日本では携帯電話の分野でも、あるいは自然エネルギーの分野でも、「イノベーションのジレンマ」で説明される「破壊的テクノロジー」は結構頻繁に現れるのですが、大企業の「まじめな人たち」がそれを採用しません。

なぜなら、「まじめな人たち」が、「そんな破壊的テクノロジーを使って失敗したらどうするのか」とリスクを恐れて目をそらすからです。結局、日本の優れた技術はアップルなどの海外勢にかっさらわれ、海外でモデル化され、逆輸入みたいな形を取ってしまったのです。

では、なぜ、過去において日本にも数多くのベンチャー企業が存在したのに、特にここ20年で活躍するベンチャー企業がほとんど登場しなかったのか？　あるいは、なぜ登場しづらかったのか？　仮に、華々しく上場したとしても、いま一つ小さいのはなぜなのか――？

実際、ここ数十年でトップ１００に時価総額で入ることができたベンチャー企業は、わずかソフトバンク一社です。すなわち、孫正義さん並みの破壊力がないと、日本では成功できないのです。

その理由は、マクロとミクロの両面から説明できます。

「まじめ連合」がマクロとミクロで立ちはだかる

まず、マクロの最大の要因は日銀によるデフレ政策です。ここ20年、日銀は日本の成長力と比べてあまりにも過小な通貨発行しか行わなかったため、モノとお金のバランスが完全に崩れてしまいました。その結果、お金の価値が上がり過ぎ、モノを持つよりもお金を貯め込むほうが有利だという考えが定着してしまいました。

このままの状態が続けば、上がり過ぎたお金の価値は下がらず、苦労して作った商品より印刷された紙（紙幣）のほうに価値があるという、いびつな経済構造が温存されてしまうでしょう。そしてこの状況では、既存の販路を押さえている既得権者が圧倒的に有利となります。すなわち、「まじめな既得権者」に有利に働くのです。

私は、日銀のデフレ政策がなんだかんだ言っても続くのは、国民全体の集合無意識のせいではないかと思っています。デフレになるほど、変化が少なく、既得権益を守っていればそれでいいからです。

マクロがこういう状態だと、それに対してミクロも過剰適応します。ルールブレーカーのような人が出てこない理由は、デフレという逆風によって、まず買い手のほうの企業の寡占化が進み、企業数そのものが少なくなってしまったからです。たとえば、携帯電話でもNECとカシオが連携し、富士通と東芝が連携し、といった形でメーカーの数が減ってきていきます。そしてこれらはデフレに適応した企業ですから、ますます新しいことに取り組まなくなります。ベンチャー企業が頑張ったとしても、ガチガチの「まじめ連合＝既得権者」には勝てません。しかも、「まじめ連合」にはデフレというマクロレベルの追い風も吹いています。

それでも、ソフトバンクや楽天、ＤｅＮＡやＧＲＥＥなど、デフレ下でも立ち上がった企業はあります。これら、デフレ下でも大きくなれたベンチャー企業にコンシューマー向け

（B to C）企業が多いのは、法人向け（B to B）市場は「まじめ連合」にガチガチに固められているためにつけ入る隙は小さく、コンシューマー向け（B to C）であればユーザーの支持次第で「まじめ連合」に対抗できるからです。典型的なのは、外食産業、ゲーム業界、オンラインショッピングなどです。

専門家バイアス

さて、「まじめの罠」の一種に、いわゆる「専門家バイアス」というものがあります。これは、「長期間、一つのことに取り組んでいる人はエラい」と考えてしまうことです。そして、まじめな人たちは専門家の意見なら無条件に信じ、「専門外」の人を信じません。あるいは、専門外の人が何か意見を言うと「専門家でもないくせに」と非難する口実としても使います。

では、専門家が本当にその肩書き以外の中身で勝負できるのでしょうか？　本来であれば、論文や主張の中身を吟味してその人を評価すべきですが、日本では「肩書きがある人はエラい。それ以外はただの人」という極めてランク主義的な評価しかありません。たとえば、私が経済について語ると、「勝間和代は経済学者でもないのにエラそうなことを……」と言って批判する人がいますが、これも、「まじめの罠」にハマっている人の典型的な反応です。

以前、竹中平蔵さんも同じようなことをずいぶん言われたということで、40歳を過ぎて博士号を取得しました。「博士号は、無駄だと思ってもいいから必ず取っておいたほうがいい」とお会いしたときに強くアドバイスされた理由は、この、日本にはびこる「専門家バイアス」の強さゆえです。

とはいえ、学者になれば今度は無謬の存在でなければなりません。たとえば時代の状況が大きく変化して、それまでの主張と少しでも齟齬《そご》が出てくると、「お前、前に言っていたことと違うじゃないか。学者のくせに間違えやがって‼」といった別の形で轟々《ごうごう》たる非難を浴びたりするわけです。

学者でなければ「お前は専門家じゃない！」と言い、学者になればなったで「お前、間違ったじゃないか！　もう信用できない！」などと言い、結局、この専門家バイアスに囚《とら》われた人と付き合ってもまったく何の意味もありません。そうすると、専門家になって黙っているか、毒にも薬にもならない無難なことを言っていればそれですむことになります。これが、いわゆる「御用学者」です。

古参社員の力の源泉

専門家と言われている人は、基本的に実績ではなく、年数で評価される面が大きくありま す。もちろん、仕事の一部には特殊な金型工《かながたこう》のように、何十年という研鑽《けんさん》を積まなければならない仕事はあります。しかし、特別な身体感覚を必要としない実務的なものであれば、世の中にある「仕事」と言われるものの大半は、だいたい3年くらい取り組めばたいていのことはほとんどわかってしまい、それ以降の成長は微々たるものになります。

ところが、3年もやれば充分な仕事を、「仕事道」みたいな言い方でこねくり回し、転職しないで何十年もやっているベテランサラリーマンが「〇〇一筋」みたいに礼賛されることがあります。しかし、こういうのは結局、書類だの、情報だのをなるべくその人が囲い込んで簡単なことを難しくしているだけです。ほとんどの仕事は情報共有したほうがスムーズに進み、改善も図られます。ところが、ベテランサラリーマンにとっては、情報を共有した瞬間にその人の存在意義がなくなってしまうので、情報共有に反対するわけです。

実は、古参社員などというのは、その程度の仕事しかやっていないケースがほとんどです。古参社員の力の源泉は、情報の独占と、人脈の独占です。そして、そういう古参社員ほど「まじめな人」が多いのです。もちろん、本当に仕事ができるプロフェッショナルの古参社員もいるので、その点は誤解しないでください。10年や20年を経ないとできない仕事もたくさんあるのも事実でしょう。しかし、それは全仕事の中の何パーセントですか、ということを数字でキッチリ測ってみれば、事実はおのずと明らかになるでしょう。

たとえば、「痛くない注射針」を開発したことで知られる岡野工業の岡野雅行社長は、数あるプレス加工技術のうち、岡野さんほどの何十年もの経験やスキルが必要なのは「深絞り」と言われている分野だけで、他のものはほとんど中国で十分だと言っていました。1回のプレスでできるものや、プラスチックや樹脂成形であれば、本当に数年でキャッチアップできてしまうそうです。

真似のできない仕事をする人ほど、どこまでが真似が可能で、どこからが真似ができないかをわかっています。すぐに真似されてしまうような仕事しかしていない人は、逆にその辺のことをよくわかっていないのかもしれません。仕事には、年数が経てば経つほど上達するものと、年数が経ってもあまり変わらないものがあります。これらの区別ができるかどうかが重要です。

加えて、日本は肩書きを重視し、実務家に対する評価が極めて低い国です。まさしく「肩書き商売」みたいなものが横行しています。たとえて言うなら、建築家の言うことは聞いても現場の大工さんの言うことは聞かないみたいな変なランク主義が蔓延しているのです。時と場合にもよりますが、現場の大工さんのほうが正しいことを言っていることも多いわけです。

また、専門家は「細分化の罠」と「これまでの常識の罠」にハマりがちです。

マツダは「パワートレイン」と呼ばれる、リッター当たり30キロも走る高燃費のエンジン開発に成功しました。このエンジンは２０１１年から順次、実車に搭載されてきています。

この成功の背景には、「細分化の罠」や「これまでの常識の罠」を打ち破る大胆な発想の転換がありました。すなわち、これまで企画畑を歩んできて、エンジンの技術にはまったくの素人であった人見光夫氏を開発の責任者に抜擢《ばってき》したことが鍵だったのです。

つまり、これまでの常識を疑い、かつ、一人一人が自分の専門分野しか見ていない技術集団を山登りにたとえて統率し、全体のプロジェクトマネジメントを行った結果、これまでの常識ではあり得ないレベルにまで車の技術を到達させることができたのです。

「器用」は「ズルい」ので尊敬されない？

日本では「器用＝ズルい」と考えられていて、器用な人はなかなか尊敬を得ることはできません。

私は、上手くいっているビジネスは徹底的にパクれ（略してTTP＝Tettei Tekini Pakure）とよく言います。ビジネスにおいてはカンニングした後のクリエイティビティのほうが大事なわけですから、それで問題ないのです。

いずれにせよ、無駄な努力をやめて、より器用な方法、あるいはズルい方法を探すという努力が大事なのですが、日本の場合は無駄な努力でも努力そのものが賛美されます。今の日本では、こういう無駄なものに労力を使って東大や京大に行って官僚になった人が、その後おそろしく生産性の低い特殊法人に天下りしていくわけです。国家として努力を浪費している、非常に無駄なシステムだと思います。

官僚もそうですが、多くのまじめな人たちは、自分がやっていることの生産性が非常に低いのではないかという疑問をあまり持たないようです。まじめな人は基本的に多趣味ではないのかもしれません。なぜ、もっと遊びたいと思わないのでしょうか。私の素朴な疑問です。

長時間労働に象徴されるように、日本人は肉体的には働き者でも、知的にはもともと非常に怠け者の民族なのかもしれません。とりあえず目の前のことを地道にこなしていれば、知的に怠けていてもいいのですから!!

2-2　「まじめの罠」を生む内部要因
——「まじめ」に特化したことによる大局観不足

まじめな人はなぜまじめなのか？

これまで、「まじめの罠」を生む外部要因を説明してきましたが、この外部要因は、当然、その環境を構成する人たちが生むものです。そして、外部要因と内部要因は互いに共犯関係にあります。いったいなぜ、このような「まじめの罠」のエコシステムができてしまうのでしょうか。それは、その構成員がどのような能力を開発してきたかということに起因します。

まじめな人たちはなぜまじめなのか、3つのスキル不足を指摘したいと思います。

①　ランク主義に染まり、価値観、視野に「多様な視点」がない
②　「決まり」を疑うような、問題設定能力がない
③　自分自身を客観視できるようなメタ認知能力がない

この3つは、統合すると「大局観の欠如」ということになります。部分最適はとても得意だけれども、そもそも所与の条件が合っているのか、間違っているのか、その疑いを持たないということです。

日本ではなぜリーダーが育たないのか、ということはよく課題として取り上げられ問題視されます。これら3つのスキル不足はリーダーには致命的なのに、なぜか日本ではこれらの課題を克服する教育システムや価値観がすっぽりと抜け落ちています。その結果、日本ではまじめな人たちが再生産され、いつまでたってもリーダーシップのある人材は、「日本的システム」の外からしか生まれないことになっているのです。

これはある意味で、既得権者たちが巧みに仕組んだ罠かもしれないと最近私は思い始めています。すでに既得権がある人にとっては、自分たちが治める民があまり賢くなってはいけないのです。だからこそ、あえて大局観をつけさせたくないのかもしれません。

これらの問題点について、より細かく考察していきます。

①　ランク主義に染まり、価値観、視野に「多様な視点」がない

TKK問題

「まじめの罠」にハマってしまった人たちの最重要の価値基準は「世間の評判」です。学歴ランク主義者たちがその典型です。すなわち、東大、京大を無条件に目指す人、それで将来を決めてしまう人、偏差値の高い大学を出た人たちほど賢いのだと思い込む人たちです。

ちなみに、世界の大学ランキングにおいて、日本の大学は東京大学が24位、京都大学が25位と、実はあまり上位に位置していません。1位がイギリスのケンブリッジ大学、2位がアメリカのハーバード大学など、上位の大学はほとんどイギリスやアメリカの大学に占められています。もし本当にランク主義が大事だと考えているのなら、ケンブリッジやハーバードにチャレンジしてみてはいかがでしょうか？

また、学歴ランク主義者は大学受験の際、行きたい学部ではなく偏差値で進路を決めてしまいます。したがって、東大の文Ⅰと慶應の医学部を併願したりします。本人は官僚になりたいわけでも、医者になりたいわけでもないのですが、単に学歴ランク主義で、とりあえず

一番難しいところに合格しようとしているだけです。

『高学歴でも失敗する人、学歴なしでも成功する人』（小学館101新書、2011年）にも詳しく書きましたが、日本で最も評判の良い病院の一つである千葉県鴨川市の亀田総合病院の亀田信介院長が「TKK問題」というものを挙げていました。

それは、「東大（T）、京大（K）、慶応（K）出身の医者には気をつけろ」ということです。なぜ彼らに気をつけなければならないかというと、彼らは医者になりたかったわけではなく、偏差値が高いからたまたま医学部に行ってしまったような人が多いからです。

医者というのは、特殊なスキルセットが必要です。「人に尽くすのが大好き」とか、「人の病気を治すのが大好き」とか、「患者さんのためなら寝食を惜しんで努力する」といったような、まさにナイチンゲールのような献身的な姿勢が必要です。また、さまざまなトラブルに見舞われるので、精神的にも打たれ強くなければなりません。

ところが、日本ではなぜか医学部の偏差値が高いことになっているので、まじめで成績がよかった人たちがたまたま医学部に行ってしまう傾向にあります。その結果、何が起こるかというと、医者の資質のない人が医者になるという悲劇が起こるのです。

医療の現場では、偏差値とはまったく違うスキルが必要とされます。たとえば、点滴や注射は上手く行わなければなりません。しかし、それが上手くできなくて患者さんや看護師さんに注意されたり、ちょっとバカにされたりしてしまうと、そういう「高偏差値まじめエリートたち」は傷ついてしまうのです。しかも、研修医の時代は給料も決して高くありません。それで結局、出社拒否ならぬ登院拒否みたいな状況に陥るわけです。

「こんな優秀なオレが、なんであんな看護師ごときにバカにされなきゃいけないんだ！」とか「なんでこんなに優秀なオレが、なぜ安い給料で週に70時間も80時間も休みなしで働かなきゃいけないんだ！　省庁や商社に行った連中はもっと楽しているぞ。学生時代はオレのほうが成績はよかったのに！」といったような学歴ランク主義全開のドツボにハマっていくのです。

このため、病院側では経験則上、「東大、京大、慶應の医者には気をつけろ」ということになるのです。学歴的にはとっても優秀な人たちであったとしても、必ずしも医者に向いているとは限らないということです。まじめにまじめに勉強して、わざわざ自分に合わない職業を選んでしまったのですから、これは当人にとっても、病院や患者さんにとっても、大変な悲劇です。

サラリーマンはそんなにいいものか?

女性の婚活では、自営業を営んでいる優秀な人よりも、平凡でも安定したサラリーマンを結婚相手に希望する傾向が多く見られます。圧倒的多数の親は、娘たちに「健康保険と厚生年金に加入している人を選びなさい」というようなことを言います。「自営業なんて、いつどうなるかわからないんだから」ということでしょう。しかし、この平凡でも勤め人がいいという発想そのものが、まさしく減点主義の結果です。

女性のほうも、親からそういう減点主義を知らず知らずに刷り込まれ、一方の男性のほうもそれに呼応し、平凡なサラリーマンじゃなきゃいけないという価値観に染まっていきます。先日、私は若手の政治家2人、起業家1人と4人で夕食を囲んだのですが、この3人の男性、すべて離婚していました。原因はみな同じ。「結婚したときは安定したサラリーマンだったのに、政治家になったり、起業したりするのは約束が違う」ということで、「あなたにはついて行けない」と夫婦仲がぎくしゃくしてしまったそうです。「まじめの罠」にハマった女性にとっては、夫の仕事のリスクが高いということは受け入れがたく、一緒に暮らせなくなってしまったのです。

では、そんなに平凡なサラリーマンがいいのでしょうか。たしかに、まじめに勉強して無事に大企業のサラリーマンにでもなれば、実力や働きの割には高い給料をもらえるようになります。ある意味、特権階級です。では、なぜ実力よりも高くもらえるのでしょうか。答えは簡単で、彼らは下請けの中小企業から搾取しているからです。

大企業は、実際には手足を動かしているというよりも、全体のコーディネーション的な業務を行っていることが多いわけです。それで、大企業の社員はみんな年収1000万円とかもらっているのですから、これ以上いい商売はありません。逆に、下請けの企業で働く社員が年収1000万円をもらうことは稀です。

では、なぜ大企業の社員になれたかというと、まじめに勉強して偏差値の高い大学に行ったからです。たしかに、大企業勤めの社員のうち、2割くらいは戦力として本当にお金を稼いでいるかもしれませんが、残りの8割くらいの人は、だいたい、ただ単にぶら下がっているだけです。

もし、この人たちが一度解雇されたらどうでしょうか。同じ給料を出して雇ってくれる企業はほとんどないでしょう。だからこそ、この人たちもまじめに、自分の会社にしがみつくのです。したがって、公務員試験に限らず、大企業への入社試験も現代の科挙（かつて中国にあった官僚採用試験）のようなものです。

人気企業には行くな！

私が学生たちによくアドバイスするのは、「就職人気ランキング」で上位に入っているような企業には決して行くな、というものです。

なぜそう言うのかというと、それは、わざわざ過当競争の「まじめの罠」にハマりに行くようなものだからです。また、就職人気ランキングの上位に入っている企業というのは、せいぜい学生の狭い視野の中だけでしか選ばれていないので、自分の身近な企業がランキングの上位に入りがちになるからです。

そして、この本当に狭い視野の中で、格好良さそうなところにみんなが受かろうとして殺到するような会社というのは、事なかれ主義、減点主義で育った人たちが殺到するので、やがて会社全体にも事なかれ主義や減点主義が蔓延し、10年、20年も経つとほころびが出るのです。私が就職をしようとしたときには、興銀（日本興業銀行）、長銀（日本長期信用銀行）などは就職人気ランキング上位の常連でした。しかし、それから20年経った今はどうでしょうか。どちらの銀行もまったく残っていません。そんなものです。

同じく、いま「会計士」が資格人気ナンバーワンです。これこそ、過当競争、いま会計士の資格を取る必要はありません。実際、トーマツのような大手監査法人が早期退職者を募るリストラをするくらい業績が悪いのですから。私が会計士の資格をとった時代、会計士はそこそこの人気はありましたが、それでもマイナー資格に変わりありませんでした。だからこそ、そこそこの給料が稼げたわけです。

だいたい、デフレが続いて景気が悪く、上場企業も減っているわけですから、会計士のニーズは減って当たり前です。会計士が儲かったのは一昔前の話なのです。私が受かった頃は一年間の会計士の合格者数は３７０人。それがいまでは２０００人を超えるわけですから、就職先が簡単に見つかるわけがありません。

同じようなことが、弁護士や医者、歯医者などにも言えます。司法試験に受かったはいいけれども、イソ弁（居候弁護士。個人の事務所に見習いで入ること）にもなれず、ネットカフェで営業している弁護士がいるくらいなのです。世間の評判を鵜呑みにし、そこに一歩二歩遅れて参入すると、努力が成果に結びつかなくなるのです。

逆に、私がもしいま20代だったら、間違いなく海外を狙うでしょう。海外就職を狙って東南アジアやインドのどこか、あるいはアフリカに行くでしょう。そのために中国語や英語、フランス語やスペイン語なども勉強するでしょう。そういう国では、自分よりも能力がないと思われるような人が、自分よりもクリエイティブな仕事をたくさんやっています。つまり、少なくとも、日本よりは海外のほうがチャンスにあふれているのです。

あるいは、海外の大学に行ってもいいでしょうし、高校から海外に行ってしまう手もあります。今という時代は、外国語の勉強をして、日本以外の国でも就職ができるようにするのが一番のリスクヘッジだと思うのですが、多くの人は相変わらず混み合っている国内市場に固執し、東大、京大、そして一部上場企業を目指します。結局、知的に楽をできる日本のほうが、怠け者（レイジーな人）たちにはいいのでしょう。

異質なものを排除する社会

まじめな人は異質なものを排除します。異質なものを排除するというのは、まさしく怠け者（レイジーな人）たちにとって、自分たちのスキルセットをおびやかすものはダメだから排除したいという感情と同じです。法律用語でいうところの、「怠け者コミュニティの法的確信」みたいなものが揺らいでしまうとき、その人たちをコミュニティから排除しようとすべての意思が一致します。

だから、元ライブドア社長の堀江貴文さんのように、既存の権力を壊すような手法で戦いを挑む人間は排除されるのです。

「こんなふうにやったら、こういうふうに儲かるじゃないか、なんでお前たちはやらないんだ」みたいな話を聞くと、納得するよりも先に反発してしまうのです。なぜなら、そういう人たちが現れてしまうと、自分がいかに知的に怠けている（レイジー）かということを見せつけられてしまうからです。だから、もう二度と見なくて済むように、視界から排除したいのです。視界から排除するためには塀の中に落とすことも厭《いと》いません。

実際、堀江さんご本人の口からお聞きしましたが、堀江さんに対して匿名で悪口を言ってくるのはまだ序の口で、実名で電話をかけて来たり、本当に六本木ヒルズの自宅にまで来たりする人たちがいたそうです。また、「六本木ヒルズ　堀江貴文」という宛名で手紙をよこして、自分の住所も氏名もばっちり書いて批判の文章を送ってくる人もいたそうです。さすがに実名を晒《さら》してまで堀江さんを攻撃する人というのは、何かよほど気に障ることがあったのでしょう。

契約社員やキャバクラ嬢のような弱者のために戦い続けている、東京管理職ユニオンの書記長である鈴木剛さんのところにも、やっぱり事務所まで押しかけてきて活動を非難する人がいるそうです。しかも、やって来るのは普段対立している経営側の人間ではなく、むしろ同じ目的で活動している別の労組や組織の人だったりするというのです。「お前らのやっていることは、「貧困ビジネスだ！」などと言って、路線の違いを批判するというのです。

たしかに、東京管理職ユニオンは孤立無援の労働者を救うために結成された異色の労働組合で、一般的な労働運動とは一線を画している部分があります。しかし、同じ目的で動いているのに微妙な路線の違いも許さないという姿勢はいかがなものでしょうか？　労働運動のような「先進的」な業界においても、鈴木さんのような異質なものは排除の対象のようです。

これは私の見方ですが、鈴木さんの存在そのものが、自分たちの存在意義をおびやかす存在に見えて、既存の組合の幹部たちはきっと嫌いなのだと思います。実際には、既存の組合の存在をおびやかすようなことはまったくしていないのですが、異質なものに対する恐怖心がそう思わせるのでしょう。

繰り返しますが、まじめな人は異質なものを排除します。多様性があること自体が許せないのです。自分の行ってきたものとは違う手法で物事に取り組む人を見たりすると、何を信じたらいいかわからなくなって自分のまじめさを維持できないのです。これは、許せないというよりも、防衛本能、闘争本能に近いと思います。

だから、まじめな人たちにとっては堀江貴文さんのような人は「悪い人」でないと自分たちの神話が成立しないわけです。

これと同様の構図が、政治家の小沢一郎さんにもあてはまります。まじめな人にとっては、小沢さんも「悪人」でないとダメなのです。小沢さんが4億もの現金を持っているのは、小沢さんがズルいことをしたからに違いないと考えるのです。でも、4億を持っていてもそれは政治資金規正法上はほとんど問題のない話です。マスコミは「政治とカネの問題」といった抽象的なキーワードで印象操作を行っていますが、小沢さんがここまでマスコミに叩かれる理由は、記者クラブを解散させようとしたからです。これこそ、正にマスコミが自分の身を守るための防衛本能そのものです。

しまいには、ホリエモンは太りすぎているとか、小沢一郎は悪人面をしているとか、容姿の中傷までするようになるので始末に負えません。

転職や離婚は、ふまじめなヤツのやること?

また、第1章でも述べたように、「まじめの罠」にハマっている人というのは、「いい学校に入れて、名のある企業に就職することができて、結婚して、子どもがいて、持ち家があって……」といった、既成の価値観に縛られています。

だから、転職とか離婚というのは、ふまじめなヤツがやることだと心の底でバカにします。

私はそのどちらも経験しているので、「まじめの罠」にハマっている人から見れば、ものすごくふまじめに見えるのかもしれません。しかも、持ち家はなく、転職もしまくっています。離婚も2回しています。

以前よりは表立って言う人は少なくなりましたが、それでも世間的には、こういったことに対しての偏見はまだまだ強いと感じます。転職や離婚をしている「勝間和代」という人物の行動を、箸の上げ下ろしからすべて批判して、自分の安定を保つのです。

まじめな人は、結婚や仕事といったことにすら無謬性を求めてしまうのです。一度選んだ会社とか、一度選んだ結婚というのは正しくなければならないわけです。だから、誰かが転職を繰り返しているのに、あるいは離婚を何度も経験しているのに幸せそうな顔をして生きていたりすると困るのです。なぜなら、自分だって本当はそうしたいのを我慢している場合が多いからです。

大企業信仰と持ち家信仰

同じように、不動産業者と賃貸の交渉をしているといつも疑問に思うのですが、なぜ、彼らは間違った形式主義にとらわれているのでしょうか？　不動産業者は、資産をたくさん持っていることよりも、月給20万程度の定期的な収入がある人のほうをなぜか好みます。いくら資産があっても、そのとき無職だったりすると、保証金を２倍積もうが、１年分の家賃を前払いしようが相手にしてくれません。きっと、定職に就かずに資産をたくさん持っている人は悪いヤツに違いないと思っているのでしょう。

私がマッキンゼーに入社した年、某信販会社のクレジットカードを作ろうとして最初の審査で断られたことがあります。その理由は、私が無名（?）の会社の入社１年目で、持ち家がなかったこと、そして、その信販会社で借金をしたことがなかったこと、でした。おそらく担当者が、マッキンゼーという会社を知らなかったのでしょう。私は仕方なく担当に電話をかけてクレームをつけたのですが、担当者ではまったく話になりませんでした。

そこで上役に電話を代わってもらい、「私は今はマッキンゼーという外資系企業にいて、これこれこういう収入があって、去年まで銀行員で、会計士の資格を持っていて、今までクレジットカードの審査で断られたことは一回もありませんし、支払いを遅延したことも一度もありません。住宅ローン以外の借金を負ったこともありません」といった説明を延々として、「その年のマッキンゼーの雇用契約書と前の年の確定申告書を全部送るからそれを見て判断してください」と言って書類をＦＡＸし、後は放っておきました。

しばらくしてからやっと上限50万円のカードが届きました。おそらく最初に出た担当者は、マニュアルに従ってなんの悪気もなく書類審査でハネていただけでしょう。そして、まさかお上（クレジット会社）のやることにクレームをつけてくる平民（私）はいないだろうと思っていたのでしょう。また、そのマネージャーもそれ以上のクレームを受けるのが嫌でカードを発行してくれたのかもしれません。いずれにしても「大企業信仰と持ち家信仰」の強さを感じた出来事でした。

②「決まり」を疑うような、問題設定能力がない

それは決まりですから？

「まじめの罠」にハマった人は、すでにできあがった「決まり」を疑うことはしません。言い換えれば、「問題設定能力がない」ともいえるでしょう。とにかく、与えられた決まりを守ることには熱心ですが、決まりそのものがおかしいのではないかと疑うことを知りません。不動産会社の形式主義や信販会社の形式審査そのものです。

繰り返しますが、コンサルタント時代、名前を聞くとびっくりするような大企業の人たち

に、さまざまな無駄と思われる仕事について「なぜそれを行っているのですか？」と聞くと、彼らはまるで判を押したように「前任者がそれをしていたから」と答えていました。

不動産会社も信販会社も、審査は決められた期限までにお金を払えるかということをハッキリさせるためにあるはずですが、マニュアルに書かれていない方法でもお金が払えるかどうかを考えるのは面倒くさいので排除しようとするのです。もちろん、スコアリングその他統計的な方法で厳密に管理しているのかもしれません。しかし、そのスコアリングのシステムがおかしいのではないか、という疑いは持たないのです。

先ほどの信販会社のケースでは、収入見込みとして１０００万円以上の金額を書いていたのですが、そのことはカード発行についてはまったく影響を与えなかったようです。あるいは、その収入が自己申告なので「嘘をついている」と考えたのかもしれません。いずれにしても、これまで借金の履歴がなくて、収入見込みが１０００万円以上あるという申し込みを機械的にはじく、という仕組みに恐れ入りました。

不動産会社でも、駅からの距離や間取りなど細かいことを色々と聞くくせに、書かせた内容と全然関係ない物件を勧めてくることがあります。つまり、決まりだから書かせる、でもそれを使わないということが、いろいろなところで意外と漫然と行われているわけです。

すなわち、決まりは天から降ってくるものだと考えて、自分が決めない人が多いのです。そして、その決まりを守った結果、起こったことについては「私はルールを守っていただけなので、私に責任はありません」と言いたいだけなのです。先ほどの信販会社の担当者も、「これは決まりだったんでスミマセン。私はルールに従わなきゃいけない立場なんで……」と責任逃れできるわけです。

私が使っている別のクレジットカードは、これまでに何回か使えなくなってしまうことがありました。たとえば、日曜日の午前中に37万円のカーナビを買ったら、その後使えなくなってしまいました。不正使用の可能性があるので止めましたという話だったのですが、私はコールセンターに電話をして「そんなことでいちいち止められたら困ります」と文句を付けました。ところが、「決まりですから」と一言、つれない返事です。何もかもがガチガチなマニュアル対応でした。

しかし、私はこのカードに加入して十数年になりますが、期日に支払いが間に合わなかったことなどは一回もありません。そういう個人の信用力を評価することをせず、一定金額で一律に使用を止めてくるという行為自体が信じられませんでした。

別のケースでは、航空券など多額のクレジットを使ったときに、何度も上限にひっかかってしまって、いちいち電話をして上限を上げてもらったことがありました。何度かこういうことがあって、私はもうコールセンターに電話するのが嫌になってしまいました。

おそらく、この会社のカードはもう私に向いていなかったのでしょう。長年お世話になったカードでしたが、日系の会社に何を言っても無駄だと悟り、メインカードはアメックスにしてしまいました。その後、アメックスを使う範囲では、限度額にひっかかったことも、変な使い方とみなされて止められたこともありません。聞けば、信用限度額もフレキシブルで、それぞれの使用状況に応じて柔軟に変動させている、とのことでした。

これと同じように、食べ物に関する決まりに消費期限と賞味期限の問題があります。消費期限というのは、それまでに消費しないと腐ったりして食べられなくなってしまうという期限、賞味期限とは、その味で楽しむための期限です。私はこれが何のために設定されているのかさっぱりわかりません。しかも、これらの期限は加工品に厳しく、生鮮食品にはユルユルです。半分腐ったような野菜も売ろうと思えば売れてしまいます。これも、決まりがないと不安になる国民の欲求から生じたものでしょう。

「これはおかしい！」と声を上げよう

このように、私たちの身のまわりには、本当にバカバカしい決まりであっても気づかないことは結構あります。たとえば、交差点の信号機の設定間違いで、渋滞の名所になっていた場所がありました。本来、青の間隔をもっと長く設定しておかなければいけなかったのに、これが何年間か放置されていたのです。

さすがにこれはおかしいだろうと気づいた人が警察署に通報したところ、やっぱり間違えてましたという、笑うに笑えない話がありました。本当は、青が30秒か40秒点灯するように設定しなければならなかったのに、そこでは20秒ぐらいの設定になっていたそうです。

しかし、たいていの人は「これは信号機がおかしいんじゃないか？」とは考えません。また、その規則を変える方法も知らないことが多いのです。規則を変える方法を知っていたとしても、面倒くさがって声をあげない人が多いのです。とはいえ、規則を変える方法を知らなくても、「これはおかしい！」と声を出さない限り、物事は絶対変わりません。

やはり、ただの内輪の決まりごとを、絶対普遍の掟《おきて》のように思ってしまうことは本当に恐ろしいことです。

たとえば、前田恒彦元検察官の証拠改竄《かいざん》事件を受けて行われた検察内のアンケートで、自分で証拠を書き換えたことがあると回答した人が2割もいるのは異常です。にもかかわらず、取り調べの全面可視化は遅々として進みません。やはり、ルールは変えないほうが楽で、それに乗っかっているほうが免責になるから便利なのです。

他方、私たちを苦しめているデフレについて、日銀が金科玉条のように言っている日銀券ルール（通貨発行量の上限までしか国債を買わないという内部規定）などは、本当になんの法的根拠もない上に、経済学の理論からも間違っています。このルールはデフレのときに通貨拡張の足かせになるわけですから、今の日本では百害あって一利なしです。にもかかわらず、日銀総裁は「これはルールだから」と強弁するわけです。

日銀に対して、いま決まっているルールになんの根拠もないということを指摘すると、彼らは必死になって反論します。ところが、その反論そのものがこれまでに何もやってこなかったこととの言い訳にしかなっていません。ようするに、「いまさらルールを変えられない。変えたとしてもこれまでより景気が良くなったら（自分たちの無策がバレるので）困る」というだけのことなのです。日本銀行という、優秀な大学を出た人たちがたくさん集まる天下の中央銀行ですらこの程度です。

対米開戦前の大本営政府連絡会議においても、当初は「海軍さんは戦争できるんですか?」

「陸軍さんこそできるんですか?」「大蔵省さん、予算は大丈夫なんですか?」といったような責任のなすり合いばかりをしていました。そこで、首相になった東條英機がこのボールの投げ合いのバランスを崩してしまい、一気に対米開戦を決断してしまうわけです。つまり、このころから日本は何も変わっていないのです。

③　自分自身を客観視できるようなメタ認知能力がない

「世界の中心は自分」の罠

メタ認知とは、認知している自分を認知する能力、すなわち、自分で自分を客観的に見るスキルになります。何かを感じている自分を、第三者の視座で見ることができるようになるということです。

「無知の知」という言葉がありますが、自分が完全ではなく、無知であることを知っている、ということが無知の知であり、メタ認知になります。すなわち、自分自身の思考プロセスを理解しており、そこにどのような歪みが生じやすいかもわかっており、さらに環境と自分の間に起こる相互関係についてもある程度理解をしているという姿になります。

ところが、「まじめの罠」にハマった人の中には、このメタ認知能力が完全に欠如した人が多いのです。あるいは、本来メタ認知能力を持っているにもかかわらず、今現在の自分のポジションや心情に合わせて、あえてそのメタ認知能力を殺してしまっているのかもしれません。

メタ認知能力に欠ける人は、すべての状況、文脈、話を「私（I）」という視点からしか語ることができません。歴史の中や社会の中に自分がいるのではなく、自分という存在が天動説のように中心にあり、そのまわりを歴史や社会が取り巻いているのです。したがって、そういう人たちは世の中を観察したり、情報を理解したりするときに、すべて「自分」というう色眼鏡を通してまわりを眺めており、かつ、自分自身がその色眼鏡を持っていることに気づいていないのです。

たとえば、このメタ認知能力に欠ける人の代表例が、菅前首相です。

過去の菅前首相の発言やその文脈を見ると、メタ認知ができておらず、すべて、「私（I）」という視座において考え、行動し、話していたと理解するとわかりやすいでしょう。まわりのすべての人が辞めてほしいと思っていても、本人は「自分が辞めたら日本の復興はできない」くらいに認識していたのだと思います。そして、まじめに、まじめに復興基本法や補正予算を通そうとしていたのです。

「無駄な頑張り」を見抜け

メタ認知が苦手な人たちは、たとえば会議や飲み会などにおいて皆で場を共有したとき、一人で7割か8割くらい喋《しゃべ》ってしまったり、カラオケでは一人で曲を歌いまくったり、他者がどういうことを考えていて、自分がその中でどういう位置づけにあるのか、自然に無意識的に読み取ることができないのです。

細かい話ですが、私はメタ認知ができている人と、そうでない人を区別するときに、メールのタイトルやヘッダー、書き出しに注目します。メールのタイトルが簡潔で相手のためを思って書かれているのか、それとも、自分勝手に自分が伝えたいことだけを書いているのか、書き出しでしっかりと相手の名前を呼んでコミュニケートしようとしているのか、あるいは、自分が、自分がと、自分が先に立ってしまっているのか、メールのサンプルを数通もらえば、すぐにわかることでしょう。

そして、こういう人たちは、とても傷つきやすい性質を持っています。なぜなら、世界が自分しかないわけですから、そこで批判を浴びたり非難されたりすると、自分の世界観が壊れてしまうからです。自分が傷つけられそうになると、おそらく本人は無意識にそうなってしまうのでしょうが、反論する隙も与えないぐらいに喋りまくり、「これは絶対〇〇ですから」と、自分が真実を知っているかのようにふるまいます。

しかし、彼らは自分の持っている知識を最大限に発揮しようとしているだけで、自分の持ちネタを一番いいポジションに持っていこうとしているにすぎません。ところが、彼らの中では非常に戦略的で思慮深いと思っている行為であっても、端《はた》から見ると「この人は一体なんで頑張っているんだろう？」といったようにしか映りません。すなわち、「無駄な頑張り」ということですが、本人はメタ認知ができないため、それが無駄な頑張りだということにさえ気づきません。

しかも、菅前首相のように、まじめで突っ走るタイプの人には、まじめなことに好感を持つ一定数の信者がいたりします。そして、彼らの「僕がお上になってあげるから、全責任を預けていいよ」という態度は、結局人々を同じ罠にハメているだけです。

彼らは大したことのない手柄話を自慢します。「オレを信じてくれ！」というわけです。日本の政治はそういう自慢合戦の場になっているのです。これは議論でもなければ、知の共有でもありません。単に、自分の価値を高め、お上として高く売るために世の中で起こるいろいろな事件を利用しているだけなのです。

そのような視点に立つと、なぜ菅前首相を中心とした政府の原発対策が二転三転したのか、理解できると思います。お上であるということをまじめにふりかざし、自分の民のためにまじめに心配し、まじめに政策を行い、結果として、経済を電力不足の不安に落とすのです。まじめな人たちは、「まじめの罠」の不幸な犠牲者であり、かつ、その罠の信者を増やすために自慢の拡大再生産をやっているのです。

日本は法治国家ですから、首相が何を言っても、それだけでは法律は決まらないはずです。しかし、その取り巻きたちが、また、まじめにそれを守り、守《も》り立てようとするので、何もかもが二転三転して大変になってしまうのです。しかも、まじめな人たちは善意で物事を進めることが多いため、なおさらやっかいなのです。

ものごとが何かおかしいと感じたときに、相手がメタ認知ができているかどうか、あるいは自分自身の認知状況を自分が感知できているかどうか、必ずチェックするクセをつけてください。

第3章　「まじめの罠」の害毒

これまで、「まじめの罠」の定義と仕組みを述べてきました。本章では、「まじめの罠」が、罠にハマっている当事者に、そして、まわりの社会にどのような害毒を及ぼすかを整理していきましょう。

３－１　「まじめの罠」が当事者に与える害毒

「まじめの罠」が当事者へもたらす害毒は、下記のようなステップを踏んで進みます。

①　どんなにまじめに努力しても、努力が成果に結びつかない
←　被害者意識の肥大化
②　常に被害者意識を持つため、まわりに攻撃的になる
←　自分を正当化する習慣

③　自己欺瞞《ぎまん》に陥り、自己を満たすために他者を差別するようになる

この世にいじめがなくならない理由

私は、この世の中に差別や足の引っ張り合い、いじめなどがなくならないのは、「自分を満たすためのレクリエーションとしての差別・批判・いじめ」が存在するからだと考えています。「本来であれば自分はもっと他者から評価されるはずなのに、なかなか評価されない。だからこそ、自分をより持ち上げるために他者を落とす必要がある」というわけです。

そのため、落とす相手は、誰でも、何でもよくなります。少しでも差別したり、いじめることが正当化できそうな相手がいたら、まるで鬼の首でも取るかのように襲いかかります。これは、「ネットイナゴ」という表現に象徴されるように、インターネットの発達によって加速しました。

私は、ＢＳジャパンの情報番組『デキビジ』で、２ちゃんねる創始者のひろゆきさんとインターネットの匿名性などについての対談を行ったあと、１万件近い批判コメントを浴びるという、いわゆる「ウェブいじめ」を経験しました。

これはとても貴重な体験だったので、いくつかの明らかな名誉毀損《きそん》、あるいは脅しや恐喝に近いコメントについては、ブログに残されたＩＰアドレスに基づいてプロバイダーに発信者の情報開示を求めました。そして、いったい誰がそれを書いているのか、実際に法的な手段を使ってトレースしました。

その結果、なるほどと思ったのは、これらのひどい書き込みをした当事者は、この事件が起こるまで私のことはまったく知らない人だったということです。私の本を読んだこともなければ、私の出演するテレビも見たことがありません。単に、「みんながいじめているから」一緒に乗っかったのです。また、その「祭り」に参加した当事者たちは、仕事がうまくいかないなどの悩みを抱えており、そのストレス解消として「いじめによるストレス解消策」を模索していたのです。

もちろん、健全な批判は必要です。でも、どんなことに対しても批判する人は存在し、しかも、それに参加する人たちがいます。もし、仕事がうまく回っていたり、人間関係を上手に構築できていたりすれば、ストレス解消や自己を満たすための余計な批判はなくなるはずです。

「まじめの罠」にハマってしまった人すべてが他者を批判するわけではありません。しかし、努力の方向を他者の足を引っ張るのではなく、自分を高める方向に一人でも多くの人がもっていけるようにするためにも、「まじめの罠」の害毒について理解したいと考えています。

①　どんなにまじめに努力しても、努力が成果に結びつかない

環境選びと環境作り

「まじめの罠」にかかると、視野狭窄《きょうさく》に陥ります。そして、まじめに努力すればするほど、多くの場合は間違った問題設定を解こうとして成果も出にくくなります。

組織レベルでの戦略設定が間違っているにもかかわらず、そこで組織の方針に従ってがむしゃらに目標に向かって行動したらどうなるでしょうか。その最も極端な事例は、近年の日本でいえばオウム真理教事件であり、世界の歴史でいえば、本書の冒頭でも触れたナチスによるホロコーストです。これは、組織レベルだけでなく、個人レベルでも根っこにある構造は同じです。

毎日毎日残業しているのに会社の業績も自分の給料も上がらないとか、寝る間も惜しんで勉強しているのに資格試験にちっとも受からないというのが、そういう事例です。

努力して成果が出ないだけならまだ救いがあります。でも、努力すればするほど成果が出なくて凹《へこ》んでいくと、だんだん自己嫌悪に陥っていきます。「こんなに頑張っているのに、どうして結果がついてこないんだろう。これは誰かが悪いに違いない！」という恨み節に変わっていくのです。そして、やがては自分の人生や社会を恨み、会社や政府を恨み、あるいは有名人たちを恨み、「自分のまわりの人は運がいいのに、自分だけは悪い、自分は被害者だ！」といったような、強い被害者意識を持つようになるのです。

たとえば、企業に一般職で入ってしまった場合、どんなにまじめに努力しても、いくら働いても、昇給のスピードも任せられる仕事の範囲も限られています。これは自分の頑張りだけではどうやっても変えられないという好例です。

したがって、もっと給料を上げようと思ったら、「抜け道」を探さなければなりません。まじめに一般職として仕事をこなす暇があったら、一般職のような補助職ではない仕事に転職するとか、一般職から総合職になるための社内試験を受けるとか、独立開業するとか、そうした発想の転換が必要になります。しかし、そうした発想の転換をせず、一般職でまじめに努力し続けていたらどうなるでしょうか。会社にとっては、頑張り過ぎてしまう優秀な一般職は都合のいい存在です。つまり、会社はそういう人を褒めて褒めて安い給料でこき使うだけになるのです。

私はコンサルタントの頃、外部環境や問題設定がソリューションの8割以上を占め、枠内で解ける問題はせいぜい2割くらいに過ぎないと習いました。

たとえば、業界全体で売り上げが減少している企業の売り上げを上げようとしても、それはエスカレーターを逆走するようなものなので、かなりの工夫が必要となります。一方、売り上げが自然に増えている業界の会社においては、売り上げを増やすことはそれほど困難なことではありません。

すなわち、自分がまじめに努力をするよりは、自分の努力が報われる環境選びや環境作りにより努力をすべきだというわけです。

不毛な競争は悪循環を生む

証券会社のアナリスト時代、「まじめの罠」を促してしまうものとして、日経新聞が毎年発表する「証券アナリストランキング」というものがありました。

アナリストには2種類あり、証券会社側のアナリストを「セルサイド・アナリスト」、投資顧問や信託銀行などの運用側のアナリストを「バイサイド・アナリスト」と呼びます。

バイサイド・アナリストは自分たちの株の運用成績で評価される一方、セルサイド・アナリストは、バイサイド・アナリストやファンドマネージャーによる「人気投票」で評価が決まります。

同じような評価の仕組みは海外にもあります。海外においては、大きなファンドには大きな投票権があり、小さなファンドには小さな投票権しかありません。その評価は、セルサイド・アナリストが稼ぐと考えられる手数料収入と比較的比例しており、評価基準としては適切になっていると思います。ところが、日経新聞の投票は、地方の小さい銀行にも、フィデリティのような機関投資家で何千億円も運用していて、たくさん手数料を払ってくれるような会社にも、平等に1票ずつしか与えられていません。

つまり、取引としては、あまり利益にならない地方の小さい銀行をこまめに面倒を見て電話をしたほうが票数を稼ぐことができ、アナリストランキングでは上位に入るというわけです。「1票の格差」を利用し、地方に行って金融機関の人間を接待するなどして、組織的に票をどんどん集める人もいます。

私は、接待することによって自分の評価を高めたいなどという気持ちはさらさらなかったので、こうした、日経新聞のようなアナリストランキングによる評価はまったく無視した活動をしていました。自分の証券会社の重要顧客だけを中心にサービスを提供していたのです。するど、日経新聞のアナリストランキングは当然下がります。私は二桁順位でした。しかし、主戦場ではないところを見て人の評価をする仕組みというのは、フェアな仕組みとはいえないのではないでしょうか。

では、この日経新聞のランキングを上げたかったら何をすればいいのでしょうか。まずは、カバレージの大きい、野村や大和などといった日系の大手証券会社のアナリストになる必要があります。次に、寝る間を惜しんで顧客に電話をかけまくります。女性アナリストだったら、バレンタインデーの時期には200個くらい、お客さまにチョコを配ります。男性であれば、女性のファンドマネージャーだけを招いた夕べを開き、ワインを振る舞います――。冗談と思われるかもしれませんが、これ、日経新聞のランキングの上位にいる人たちの実話です。ましてや1位の人の営業努力たるや、私には絶対に真似のできないものです。

私はこうしたことに熱心になる人たちの姿を見て嫌気がさし、3年ちょっとでこの業界から足を洗いました。もし私が「まじめの罠」にハマっていたら、きっと同じような努力をしていたことでしょう。

ちなみに、それではこれだけの努力をして、証券アナリストは報われるのでしょうか。日本株式の証券アナリストの給料は実際には頭打ちで、最近では下落傾向にあります。株価がこれだけ下がっており、一日の取引高も低迷し、海外投資家は日本市場に手を出さなくなり、かつ、国内の大型投資案件や大型公開案件が減っている中では、給料は良くて横ばいです。

また、日系の証券会社2社が合併すると、通信部門の証券アナリストは一人でよくなるので、一人を外します。残るのは、「日経新聞のアナリストランキングが高いほう」となります。だから、日系の証券会社では、どんなにその営業努力が手数料に結びつかないかもしれないと思っても、証券アナリストは自分のジョブ・セキュリティのために、ランキングをある程度上げておかなければならないのです。

すると、残った給料の高いアナリストたちが、すでに儲からなくなっている業界で働くので、証券会社はますます儲からなくなるという仕組みになります。つまり、証券会社同士が合併してコストを下げようとする→証券アナリストが生き残りをかけて自己最適化を図る→業界全体が儲からなくなる、という悪循環が生まれてしまうのです。

まじめスパイラル

これまで頻発してきた食品偽装問題も、会社も従業員もまじめに努力してしまった結果です。会社の業績を上げるため、まじめな社員がよりコストを下げようとして最後は食品偽装にまで手を出してしまいました。しかも、コストを下げれば社内でも評価の上がるシステムを採っていた組織もあったようです。その結果、取りかえしのつかないことになってしまったのです。

たとえば、2011年を境に焼き肉店からユッケが消滅するきっかけになったのは、「焼肉酒家えびす」の食中毒問題でした。社員が一丸となって頑張って安くておいしい生肉を提供しようとしたのですが、安全面での配慮を怠って食中毒を起こしてしまいました。

さらにこの問題を大きくしたのは、この事件を単に「ある新興チェーン店のミス」として捉えるのではなく、「業界全体の問題」として大騒ぎし発展させた、まじめなマスコミ、まじめな官僚、そしてまじめな政治家たちでした。これまで大量のユッケが各所で供給されていたにもかかわらず、大規模な死亡事故は起きず、「焼肉酒家えびす」だけに問題が集中したということは、「焼肉酒家えびす」の問題なのにです。

たとえば、これが卵のようなありふれた食品から生じた食中毒だった場合はどうなるのでしょうか？　国中の卵の出荷を停止するのでしょうか？　あるいは、生魚でもこれまで多くの食中毒が生じていたと考えられますが、生魚は出荷停止しなくていいのでしょうか？

まったく論理的でない思考です。同じように対応していくと、ユッケだけではなく、生肉がすべてレストランから消えて行ってしまうことになります。

多額の住宅ローンは人生のリスク

まじめに努力しても成果に結びつかない例はこれだけではありません。日本ではなぜか「マイホーム信仰」がありますが、マイホームを持ちたいという気持ちが、若い夫婦、特に妻の側に強く、頑張ってマンションや一軒家を買うという傾向が多くみられます。しかし、購入の予算はどうしても限られるため、購入する家は職場から離れた遠い場所になりがちです。さらに、新築物件にこだわる人が多く、そうなると、ますます遠くなってしまいます。

しかし、そんなことをしても、結局長時間の通勤で疲れるだけです。日本人は外国に比べて睡眠時間が短いことが統計上出ていますが、その理由は、長時間労働に加えての長時間通勤です。東京周辺であれば、通勤時間が1時間半などの人はざらにいて驚きもしませんが、もしこれがニューヨーク、ロンドン、パリ、フランクフルトだったら、え――っと、びっくりされるくらいの長さです。

さらに、多額の住宅ローンにより借金を背負い込んで人生のリスクが増してしまいます。

たとえば、業績不振による賃金カットがあれば、ギリギリで組んだ住宅ローンの支払いが滞り、最悪の場合、自己破産せざるをえなくなるかもしれません。

住宅ローンのリスクは公務員も例外ではなくなりました。これまでは、公務員であれば年収の5倍どころか、6倍、あるいは7倍まで銀行は貸してくれました。リストラも給料カットもなかったからです。ところが、震災を口実にした公務員給与削減の検討が始まりました。公務員ですら、住宅ローン返済の問題に直面する可能性があります。大型ローンを組んでいる人が、毎月の給料を10%カットされたら相当にキツくなります。給料が減らない公務員はこれまでデフレ時代の勝者でしたが、ついに年貢の納め時がきたようです。

この、「まじめの罠」である住宅購入を煽《あお》っているのは政府です。政府は不景気の本当の原因のデフレは放置しておきながら、住宅市場さえ活況なら景気がよくなるかのような誤ったプロパガンダを行ってきました。さまざまな税制上の優遇措置を使って「家を買え、家を買え」と宣伝しているのはそのためです。いまだに、新聞には不動産チラシだけは常に入り、テレビでも手を替え品を替え「家を買え、家を買え」と煽っています。まじめな人はこういうプロパガンダに弱いので、頑張って努力して家を買ってしまいます。「みんなが買っているから」と言ってまんまと乗せられてしまうわけです。

しかし、土地や住宅の値下がりが続く中では、仮に金利が０・６％の住宅ローンでも、マイナスの投資になります。昔は住宅ローンの金利が５％でも、土地が年に10％以上も値上がりしていたため、住宅投資にも意味があったのです。これがマイナスの投資だったら、なるべく小さく抑える、すなわち賃貸にするか、ローンを負わない程度の中古物件を買ったほうがいいのです。

さらに言えば、日本の住宅は遠距離通勤に加えて「レモン市場」を形成しています。レモン市場とは経済学用語で、買い手と売り手の情報格差が大きく、不良品が出まわりやすい市場のことです。レモンとは、アメリカの粗悪な中古車の俗称です。以前、住宅の耐震偽装の問題が発覚しましたが、そもそも住宅は買い手にとっては一生に数回あるかないかの買い物であるにもかかわらず、一方の売り手は毎日住宅を売っているわけですから、レモン市場になりやすくなるのです。

そして、新築時には高いプレミアムを払い、逆に売るときには不当に安い取引価格となり、どちらのときも損をしてしまいます。せっせと頑張って仕事をして、給料をもらって、それがさらさらと住宅に吸い込まれ、成果に結びつかないどころか損をしてしまうのです。これなら、何も考えずに適当に家賃を払っている人たちのほうがトータルで得をしていることが多くなります。これでは、頑張って家を買ってもまったく報われません。

すなわち、間違った企業評価体系とか、間違った住宅市場の中で、どんなにまじめに努力をしても、もともとの問題設定自体が間違っているので、ちっとも成果が出ないことになります。

② 常に被害者意識を持つため、まわりに攻撃的になる

頑張っている自分は正しい？

さまざまな場面で「頑張ってもまったく報われない自分」に気づいてしまうと、無意識の中でどんどん、自己の「被害者意識」が増大していきます。なぜなら、「これは完全に世間が悪い。だって自分はこんなに頑張っているんだから！」といったような価値観の転倒が起こっていくのです。しかもこれは意識的にではなく、無意識に徐々に積み重なっていくのでタチが悪いのです。さらに、「頑張っている=自分は正しい」という言葉のすり替えがあることに本人は気づきません。自分は悪くない（頑張っている）のに報われないとしたら、まわりが悪いと責任転嫁するわけです。

子どもの頃から、「頑張れば報われる」とか、「努力すれば報われる」と習ってきたのに、そうならないとしたら世の中のほうがおかしいと考えるようになります。「自分は正しい。会社がおかしい。世間がおかしい。政府がおかしい。社会がおかしい」といったような感じです。

これまで何度か例に挙げた日銀の上層部の人たちは、「ここまで自分たちが頑張ってもデフレが続いているのは、きっと人口構造とか、潜在成長率とか、国民に根性がないことが問題なんです」と記者会見などで平気で述べています。自分たちの金融政策はひたすら正しいと考えるのです。日銀を応援している御用学者たちも「頑張っている日銀を叩くヤツが悪い、失礼だ」という変な被害者意識で日銀を擁護します。

そして自分を被害者のポジションに置くようになると、自分から加害者にやり返すことは正当行為だと思うようになります。自分を叩いてくる人たちに報復するわけですから、その内容もかなり感情的で支離滅裂なものが多くなります。

菅前首相が首相を辞めたくないために続けてきた見苦しい言い訳や、日銀の白川方明《まさあき》総裁が真顔で「日本でのハイパーインフレの危険性」を語るなど、ハイパーインフレの定義もせず、これまでのインフレ・デフレのメカニズムなども無視して、およそ経済学の常識とはかけ離れた話を平気でできるのは、こうした自己防衛本能のせいです。

先に触れたユッケ事件の「焼肉酒家えびす」の社長も、当初は「業界はみんなやっているじゃないか」と、逆ギレモードでマスコミなどに応対していました。しかし真相は、仕入先の大和屋商店がコストダウンのために、内臓を処理した包丁の洗浄もしないまま、もも肉を切っていたことが原因でした。

焼き肉店では通常、内臓の病原菌が付着するのを防ぐため、トリミングと呼ばれる表面を削ぎ落とす作業が行われます。しかし、購入先が変更された際、意思疎通をうまく図らず、どちらもその作業を行いませんでした。通常であれば食中毒を起こさないための三重の安全装置（包丁の使い分け、トリミング、鮮度）を確認しなければならなかったのですが、それを全部怠ったのです。

プロの焼き肉店にとっては、「もも肉で、どうやったら食中毒を起こすことができるんだ」と、びっくりするくらいのずさんな管理だったそうです。焼肉店経営者であれば、この10年間でユッケを食べた人が何人食中毒になったか発生確率を計算し、「焼肉酒家えびす」の店で起こった食中毒の発生確率と比較するなどして客観的に考えれば、答えは一目瞭然のはずです。ユッケが悪いのではなく、店の管理が悪いのです。

ところが、「焼肉酒家えびす」の社長本人としては当初は一所懸命やっていたと思っていたのでしょう。「こんなに頑張っている自分を叩くヤツに少しぐらい仕返ししてもいい」と思うと、人間は過度な攻撃性を発揮するようです。被害者意識のある人は、常に誰かに仕返ししたくてしようがない、だから手当たり次第にまわりに当たり散らすようになります。

以前、雪印乳業が引き起こした集団食中毒事件で、問題を追及したマスコミに対し「わたしは寝ていないんだよ！」と叫んでキレた社長がいましたが、これもその姿です。同様に、某首相が在任時にキレまくっていたのも、このような背景があると考えればわかりやすくなります。

娯楽としての強い者いじめ

ネット上で特定の有名人をいじめる「祭り」の参加者にも、実はこういった側面があります。言ってみれば、「江戸（現実世界）の敵《かたき》を長崎（ネット上）で討つ」感覚です。本来であれば、本当に自分が言い返さなければならない相手はその祭りの攻撃対象ではないのですが、自分を現実世界で苦しめている人の代わりに、有名人が少しでも隙を見せると、祭りの攻撃対象にして仕返しするのです。私はこれを「娯楽としての強い者いじめ」と呼んでいます。

これは特捜検事などにおいても共通するロジックではないでしょうか。司法試験に合格すると、一番成績のいい人たちは裁判官に、そして、次に成績のいい人たちが検察に、残った人たちが弁護士になる傾向があります。しかし、検察は地味な仕事で、弁護士に比べると、華々しさも、仕事に見合った収入もあるわけではありません。また、検察組織では年功序列も重視されます。その割には仕事量も多く、転勤も多い仕事です。だから、「こんなに自分は努力しているのに、自分の人生はいまひとつ面白くない。努力と成果が結び付かない。気がつけば、ぜんぜん努力していないヤツが成功している。これは何なんだ！　許せない！」といったような恨みを無意識に心の中に積み重ねていくのです。

事実、堀江貴文さんは検察による取り調べの最中、「世の中の人はみんなコツコツ働いているのに、お前のようなヤツは……」といったロジックで検察から追及を受けたそうです。検察には、「コツコツ努力してないのに儲けているのは、ズル、すなわち、犯罪に手を染めているに違いない」といった推定が働いたのではないでしょうか。彼らからしてみれば、「オレたちはこういうヤツを社会から排除して、頑張って世の中の秩序を保とうとしている」といったところなのでしょう。

本当に間違っているのは誰？

ライブドアや村上ファンドは正に日本の社会規範、あるいはこれまで私がしつこく書いてきた「まじめ」への問題提起を行い、「まじめ」な努力を大きく脅かした存在でした。

まじめな人たちの規範や信条というのは「与えられた枠内の中でまじめな努力をすればそれなりに報われる」ということです。だから、それを壊してしまう人間や、その規範が無意味であることを人々に気づかせてしまう人間を憎悪するわけです。

そして、「まじめにやらないで成功したお前たちはズルい」から、「ズルいヤツは悪い」といったような善悪二元論への価値観の転倒を起こします。そして善悪の話になれば、まじめな自分たちのほうが絶対に正しいという「信念」を持つようになります。

「日本における極悪人の定義は、人を殺した人ではなく、帰属する共同体の規範に背く人だ」というのは、オウム真理教のドキュメンタリー映画「Ａ」、続編「Ａ２」で有名な森達也監督の著作『Ａ３』から学んだことです。

『Ａ３』を読むと、まじめなヨガ集団だった一派がなぜ凶悪犯罪に至るまでに追い詰められたのか、オウムと、それを取り巻く世間の冷たさ、という構図からその相互関係が読み取れます。まじめな人たちがオウムを追い詰め、そして、オウムもまじめに対抗しようとして、とても不幸なサリン事件を引き起こしてしまったわけです。
つまり、本当に間違っているのは「まじめの罠」にハマっている人たちのほうなのです。

③ 自己欺瞞に陥り、自己を満たすために他者を差別するようになる

O型の人間はエラい？

自分が間違っているにもかかわらず、「正しい努力をしているのは自分だ。それなのに評価されないのは、相手（世の中）が間違っている」と考えるのは自己欺瞞の一種です。このような自己欺瞞がふくれあがると、堀江貴文さんや村上世彰《よしあき》さんなどの個人にとどまらず、自分と違う属性を持つ集団に対して憎悪や差別心を抱くようになります。

なぜなら、自己欺瞞の症状が一番現れるのは、自分の属性自慢だからです。自分の存在意義を満たすものは属性であり、その属性を自慢するためには、その属性を持っていない人たちをおとしめることが必要になるのです。たとえば、東大法学部を出たキャリア官僚になると、その属性が「選民思想」を生み、そうでない人たちと自分は違うのだと思い込みます。

その程度が激しくなると、学歴どころか、日本人であること自体がエラい、といったよう

な思い込みを生みます。そういう人たちは外国人差別をします。さらにひどいのは、健常者であることが障害者より偉いとか、男であることが女より偉いとか、そうした間違った差別意識を持つ場合です。差別をする人たちは、差別をしないと自分の尊厳が保てないくらい、いってみれば精神的に不安定なのです。

しかし、その差別意識の根拠は「自分は血液型がO型だからエラい」といった程度のデタラメなものです。そんなフワフワとしたものにすぎないものが自分のアイデンティティーになっている残念な人たちは、世の中にたくさんいます。要するに、自分の価値を見出すことに対して属性ぐらいしか材料がなくなってしまっているのです。

そして、ふまじめな人を差別するまじめな人は、わりとおせっかいで、人の行動に対していちいち文句を言います。そうしたおせっかいや文句は自分の規範を相手に押し付けているだけなのですが、本人としてはいいことをしていると思っています。人の価値観は人それぞれであり、まじめな人の価値観がすべてに当てはまるわけでもないのに、そういう記憶は書き換えて、自己正当化するのです。自己欺瞞の人は、客観的に自分を見ることができません。記憶を少しずつ、都合よく書き換えます。

学歴信仰がそのいい例でしょう。「全国模試で〇位になった私は、きっと頭がいいはずだ」

といったような感覚です。模試は模試であって、頭の良さそのものを表す指標ではありません。しかし、過去の自分の行動やその結果を都合よく解釈し、しまいにはそれを書き換えてしまうのです。自分の言動のすべてを、自分の嘘を語るためのベースに変えていくわけです。

成績がすごく良かったとか、学歴がいいとか自慢している人は、ある種の「全能感」に囚われているようです。そういう人は、十代の後半に受けた模試や、たまたま入った大学の偏差値を根拠にしているようですが、一体、そんなもので知能全体の何パーセントを評価できるというのでしょうか？

おそらく、そういう人は、自分にすごく都合のいい基準を持っていて、それをクリアした自分はまじめに頑張った、みたいな物語にしたいのでしょう。これでは、彼らが反省する姿勢を持つことはありません。

まじめな人たちが記憶の書き換えをするのは差別意識と一緒ですが、これは、記憶の書き換えというよりは、「認識の書き換え」といったほうがいいかもしれません。認知の歪みは当然すべての人に備わっていますが、認知の歪みがあるということを理解している人と、全くそれを理解しない人の2種類がいます。そして、認知の歪みを理解しない人は、ますます認知を歪ませる罠に自分で自分を追い込もうとしてしまいます。

これが世の中全体で行われると、歴史の歪曲や捏造という問題を生みます。彼らは多数派になると平気で何でも書き換えてしまいます。それは教科書ですら例外ではありません。

負のループを断ち切るために

今の世の中は、努力しても報われない人たちを大量に作る社会です。

うつ病というのは、努力し過ぎた人を休ませるために体があげる悲鳴みたいなものです。そのまま頑張り過ぎると大変なことになってしまうので、体が「休め」と指令して自己防衛的にうつ病になるわけです。ところが、努力至上主義、プロセス至上主義が蔓延する日本では、それを「努力が足りない」と非難します。あるいは、社会的弱者に対しても「努力が足りない」と非難します。しかし、すべてには環境と背景があり、どんなに努力をしても報われないことはあるのです。

「まじめの罠」にハマったことにより、間違った努力をすることによって自分が傷付いてしまって、それを隠すために自分の認知まで変えてしまうと不幸が始まってしまいます。認知を変えられたとしても、結局はそれ自体が自己欺瞞であるため、最後はそのストレスに耐えられず病気になってしまいます。

まじめな人は、この不幸なサイクルをエンドレスにループしていきます。しかも、これを助長するためのアクセルまで踏んでしまうことも多いのです。早く、この負のループに気づいてほしいと切に願っています。

3-2 「まじめの罠」が社会に与える害毒

「まじめの罠」は個人にも害毒を及ぼしますが、その害毒が回り回って、社会の基盤をも危うくします。日本には、エコシステムとして「まじめの罠」を生んでしまう構造がありますが、その構造が加速すると、さらに間違った社会を築き上げていく危険性が高まります。

そして、「まじめの罠」による間違った社会問題は、以下の3つに集約されます。

①　間違った努力は評価されるが、根本的な問題はまったく解決しない
　　↓
　　いつまでも問題は先送りされる

②　「お上」は永遠に崇拝と批判の対象であり、持ち上げられ、叩き落とされる

←

リーダーシップが継続しない

←

③　社会システム全体の自己修復力を毀損する

←

①　間違った努力は評価されるが、根本的な問題はまったく解決しない

日本はいま、社会全体が「まじめの罠」にハマっていると考えると、いろいろな謎が解けると思います。以下、順番に説明していきます。

国会議員は一日2時間しか政治ができない

日本では「まじめの罠」によって、間違った努力が推奨され、間違った努力が押しつけられます。間違った努力では、どんなに努力しても成果が出ず、問題も解決されません。ここ

では「間違った努力」の典型的な例として、「国会議員は一日2時間しか政治ができない」という笑えない問題をみてみましょう。

民主党の一年生議員は、国会会期中、まず、朝8時から9時まで勉強会があります。9時から5時までは各種委員会に出席しなければなりません。与党であるため、数合わせの義務として出席しなければならないのです。では、その各種委員会で何か発言ができるかというと、大した質問も発言もできません。多くの議員は、じっと座っているだけです。

そして、夕方5時頃に解放された後の1時間少々、勉強の時間を持つことができます。しかし、6時には議員会館を出て地元に行かなければなりません。私の知り合いの衆議院議員は、小選挙区内で開催される各種団体で行われた150回もの新年会を皆勤賞で回ったそうです。でも、一晩で2~3件回っても、挨拶したらその場でサヨナラです。議員を呼んだ側も、すぐにサヨナラでは悪いと思うのか、折り詰めを持たせてくれるのですが、食べる暇もなく家に持ち帰るそうです。年末年始のシーズンの食事は、自宅に大量に持ち帰った折り詰めの消化になります。その議員の息子さんは、折り詰めをみるのもいやになったとか。

それだけではありません。地元の運動会などにも出席します。自分の会合の出席案内を町会長さんに渡すときには、議員自ら手渡しに行きます。なぜって？ それは、ライバルの議員もそうするからです。そうしないと、「自民党の○○さんは自ら来たのに、民主党の××さんは使いをよこした。けしからん。次の選挙は○○さんに一票を入れるよう、町内会で広めよう」なんてことになるからです。

現在の日本の政治活動というのは、選挙区内をどれだけ多く回ったかということが「まじめ」として評価される仕組みです。優れた質問をどのように国会内で行ったのかとか、優れた政策立案をどのように行ったのかということについては、地元ではまったく評価されません。それよりは、一人でも多くの人に直接顔を見せ、握手をすることが大事なのです。だから、一日の時間の多くは、そちらのほうにまじめに費やされます。

税金を掠め取る官僚たち

一方、官僚の世界では、国民から集めた税金をどれだけ正しく使ったかではなく、天下り用の特殊法人をどれだけ数多く作ったかというのが評価対象となります。

必要もない規制を作り、特殊法人を設立するのは国の税金を掠《かす》め取るようなことなので本当はやってはいけないことです。しかし、この間違った基準をみんなで信じて、まじめに努力しているのです。もちろん、省庁に入ったばかりの役人はみな、この仕組みに疑問を抱きます。しかし、やがてそこにしか生きる道がなくなると、だんだんと自己欺瞞が浸透してそこにハマっていってしまうのです。

たとえば、農林水産省がひたすら主張する「カロリーベースの食料自給率」というものがあります。こんな意味のない基準を使っているのは日本だけです。もともと、農水省は米を中心とした農家を支援するために補助金の目安として所得水準を用いていました。ところが、農家の所得水準が勤労家庭に並んでしまって補助金をつける理由がなくなってしまったため、苦肉の策として編み出したのが、この「カロリーベースの食料自給率」でした。

通常、自給率は生産額ベース、重量ベースで行うことが世界標準で、カロリーベースはそもそも日本でしか用いられていません。これこそ、国際的に見ればまったく無意味な間違った基準です。この基準は、商品価値が高く、競争力のある野菜や果物を作ると自給率が下がり、他方、米やジャガイモのような炭水化物をたくさん作ると自給率が上がってしまう不思議な基準なのです。これも、農業保護政策を正当化するために農水省が「発明」した数字です。「日本の食料自給率は低い。だから予算をよこせ。農業を保護しろ」と言いたいだけです。これによって、補助金の受け皿として天下り団体を作れるわけです。

たとえば鶏卵の自給率は重量ベースだと95％です。スーパーに並んでいるほとんどの卵は日本で生産されたものです。卵のような割れやすいものを海外から運んでくるのが難しいことは、誰でもわかります。ところが、カロリーベースで自給率を計算すると9・7％になってしまいます。その理由は、「餌が外国から輸入されている」からです。カロリーベースの食料自給率というのは、このように補助金を出すために都合のいい謎の数値なのです。「有事の際の食料安全保障」という名目で、基本的には補助金行政を守るために作られた施策だと思って差し支えありません。

「3時間待ちの3分間診療」のワケ

これと同じような間違った基準に、医療における混合診療の問題があります。これは、前述した亀田総合病院の亀田信介院長が怒りを込めて何度も告発しています。医療では基本的に保険診療のみであり、少しでも自費診療を使うと本来保険適用の診療であっても100％自己負担になってしまうという懲罰的な仕組みです。このような仕組みがなぜあるのかというと、厚生労働省が定めた医療の需要抑制政策に反するからです。

厚労省としては、デフレで予算が縮小する一方、高齢化が進んでいる状況の中で健康保険の支出を少しでも抑えたいという意向があります。そのため、供給そのものを制限することによって需要を抑えてしまおうという社会主義的な供給制限を実施したのです。しかも、診療の一部に保険適用外の医療行為が含まれていると、それまでにかかった費用のすべてを保険適用外にするという、極めて懲罰的な運用がなされています。

その結果、海外の事例などをよく見て新しいことにチャレンジしようとしている医者の意欲をそぐ方向に誘導してしまっているのです。日本では、新米の医者も、ベテランの医者も、同じ保険点数しかもらえません。そして、海外と比較するとてつもなく長い労働時間、平均で週60~70時間に耐えながら仕事をしているのです。

日本では、「3時間待ちの3分間診療」と揶揄されるような診療体系が問題になりますが、これは、診療を保険診療に頼っているためです。診療にかかる費用が同じであれば、当然、患者はベテランの先生に見てもらいたがるため、そこに超過需要が発生するのです。そして、混合診療ができないと、最新の医療を受けられるのはお金持ちだけになり、新規の医療技術開発の足をめいっぱい引っ張る結果になっているのです。

これらの例からもわかるように、農業政策にしても、医療政策にしても、既存の仕組みを覆して新しいことにチャレンジしようとする人の足を引っ張ることばかりやっているのが日本です。要は、「みんなが努力しているんだから、結果に差がつくのは許さない」という

「まじめの罠」にハマっているのです。努力の質によって結果に差が出てしまうと、まじめに努力している人が報われないからダメなのです。だからこそ、事前に差のつかない方向に誘導するのです。すなわち、努力は量が重要であり、質は問われないのです。

日本が「二重の経済」構造である理由

日本の産業構造は「二重の経済（dual economy）」と呼ばれています。約1割の、海外でもしっかり競争できる産業と、約9割の、国際競争力のない産業で成り立っています。そして、GDPに貢献できるようなほとんどの付加価値は、これら約1割の産業が稼いでいて、残りの約9割は、「まじめの罠」にハマった過当競争を強いられ続けています。

そして、現在の日本政府は、この約1割の産業を増やそうとはせず、そこから納入された税金を残りの約9割にばらまき、本来であれば起こりうる新陳代謝を抑え、ゾンビみたいな産業の生き残りを助長する政策ばかりを採《と》っています。天下り団体が業界に口を出せば、日本独自のガラパゴス基準みたいなものがいっぱい出てきます。そうなると、優秀な1割の産業が生き残れなくなって海外に流出してしまうのです。結果として、約9割の、どうしようもないほうだけが残ってしまいます。

どれもこれもみな、まじめに一人一人がよかれと思って行動した結果、社会全体では政策論議がなくなり、業界が廃《すた》れていくという悲劇を生んでいるのです。

② 「お上」は永遠に崇拝と批判の対象であり、持ち上げられ、叩き落とされる

お上はずっとダメなまま

日本人にとっては、「お上」は永遠に崇拝と批判の対象です。小泉政権や民主党をあれだけ持ち上げておきながら、その舌の根も乾かないうちに叩き落とす――これまで繰り返されてきた光景です。

「努力し続けても世の中が良くならないのは『お上』のせいだ」と考えている人はたくさんいるでしょう。しかし、そう考えている人には、そのお上を選んでいるのは実は自分たち自身だという意識はないようです。どこからかお上が降ってきて、何かをよくしてくれるかと思うと、ちっともよくならない。だから、次のお上を探すのです。だいたい、「お上」という言い方が象徴的です。自ら自分の「主人」を探し続けているのですから。

国民の「お上」探しを端的に表しているのが、ねじれ国会です。衆議院選挙のときにはみ

んなが一つのイシューに飛びついて政権交代させても、実際にやらせてみるとまったく期待外れで、次の参議院選挙のときにはひっくり返してしまいました。そして、参院選の次の衆院選では、そのまた裏が出るという構図です。

でも、それは仕方のない面もあります。民主党が掲げた子ども手当、高速道路の無料化とは一体何だったのでしょうか？　民主党のマニフェストを信じて投票した人からすれば、票を返してくれという話になってしまうでしょう。「コンクリートから人へ」「財源はムダを省けば大丈夫です」と大見得を切っていましたが、まったく期待外れでした。経済学の理論から考えれば、日本のような変動相場制を採っている国は、日銀の通貨供給量が少ないままではいくら財政政策をやっても景気はよくなりません。

しかも、「公務員人件費２割削減」もまったく進んでいないどころか、官僚が天下るポストは逆に増えていたらくです。民主党は自治労という公務員の組合が支援団体の一つであるため、公務員の人件費を減らせるわけがありません。これは、典型的に間違った目標を掲げて、間違った努力をしている人たちの手法です。

一方の国民の側も、民主党を自分で選んでおきながら、すべてお上のせいにします。お上さえしっかりすれば国はしっかりするのではないかというのは誤解です。本当は、自分たちがしっかりしていなければ、お上はずっとダメなままなのです。

日本は諸外国から長年にわたって「経済一流、政治三流の国」と言われてきましたが、これは今となってはまったくの間違った見方になってしまいました。日銀のデフレ政策のせいで、日本の経済はいま、下手をすると五流です。また、本来なら権力を厳しくチェックしなければならないマスコミも、経済論戦を予定調和的なプロレスとしてしか報じず、財務省の意向である増税を正当化するための国営広報室になり下がっています。

そもそも、マスコミの中にいる人が、一所懸命に長い時間残業して頑張っているまじめな人たちです。朝から晩まで頑張って役所に行き、役人の話を聞き、土日も返上してまじめに財務省の増税プロパガンダに加担しているのです。

③　社会システム全体の自己修復力を毀損する

間違った組織の論理に従うな

社会システムというものは、何かの課題に向けて個々人がよかれと思って行動を取り、それが集合体となってよりよい社会を作っていくという自己修復力が必要です。しかし、「まじめの罠」の世界においては、組織の論理と社会の論理（市民の論理、民間の論理）が食い違っています。内輪の組織の論理さえ押さえておけば、自分たちはその枠内においては罰を受けないという仕組みのせいで、世の中がおかしくなるのです。

先にも例を挙げた、検察の証拠捏造による冤罪《えんざい》事件は確かに酷《ひど》いものでした。しかし、その後訴追された前田元検察官の扱いや、この事件の検証プロセスはもっと酷いものでした。検察は、証拠捏造という重大な問題を組織の構造的欠陥ではなく、前田恒彦という一人の検察官とその上司たちに全部押し付けてしまいました。あれでは、検察の自己修復能力の欠如を露呈するどころか、「臭いものに蓋」といった現実逃避の組織であることを自ら証明するようなものです。

一方の前田氏や上司たちは組織の論理にしがみつこうとしましたが、それは、組織が自分たちを守ってくれると信じていたからです。ところが、実際にこういう不祥事が起こると、組織というものは個人を守らないことのほうが圧倒的に多く、大抵は個人が切られて組織だけが守られるパターンが踏襲されます。

しかし、前田元検察官や上司たちは、当初「こんなに検察に尽くしたオレたちを組織が裏切ることはないだろう」という甘い見通しを信じ込んでいた節があります。かわいそうといえばかわいそうですが、彼らはこのことにもっと早く気づくべきでした。

検察はこの事件をきっかけに、それまでは頑なに拒んでいた取り調べの可視化を認めざるを得ないはずです。しかし、それが遅々として進まないのは、やはり組織の論理をまず何よりも重視する姿勢を表してます。

前田氏も、最初から組織なんて信用していなければ、無理して村木厚子さんを逮捕、起訴する必要はありませんでした。証拠がなければ諦めればよかっただけの話です。ところが、組織に残りたい、上に行きたいという気持ちがあると、無理して組織の論理に従い、何か自分のプラスになることをやろうと考えるようになります。その結果、間違った組織の論理に陥り、まじめに「ベストな仕事」をしてしまったのです。

日本はこのまま破滅する？

これは、原発事故で問題になった東京電力と原子力安全・保安院についても同じ構造が見てとれます。

東電は、いざというときは保安院が守ってくれるだろうと思って一所懸命、彼らの論理に合わせてきました。ところが、いざ大事故が起こると、東電が責任をなすりつけられる立場になってしまったのです。

この際、東電は何もかも洗いざらいバラして反撃すべきでしょう。「送電も発電も分離してもいい。私たちはもうあなたがたの利権ではないんだよ」と。この際、東電は開き直り、法的整理を願い出るべきでしょう。ただ、そんなことをすれば東電を残して美味しい汁を吸おうと思っていた連中の当てが外れてしまうかもしれませんが……。

震災関連の話を続けると、「避難所では炊き出しをするな」と平気で口にする、保健所の意味不明で配慮の欠片《かけら》もない指導がありました。これは、有事のときに有事なりの判断ができず、現行の法律を守りなさいという小役人根性まるだしの話です。「まじめは怖い」の好例です。避難所で不自由な生活を強いられている人たち、その人たちの「温かい食べ物を食べたい」というわずかな希望すら、まじめな人たちが奪ってしまうのです。

震災の影響で陰に隠れてしまった問題の一つに、社会保険庁（現日本年金機構）による年金記録問題があります。これも同様に、まじめに一所懸命、データがいい加減であることを隠していたという話です。もともと社会保険庁という組織自体がサボータージュ専門のどうしようもない組織でした。会社に未納問題を相談されると、対応が面倒くさいのでお金を払ったことにして記録を書き換えるなどといったデタラメが横行していました。とにかく、未納問題に対応すること自体が面倒くさく、それにいちいち対応していると自分の成績も組織の業績も悪くなるからみんなで結託して書き換えていたのです。

しかも、この問題はいまでもまったく解決のめどが立っていません。それもそのはず、アメリカの社会保障番号のような税と社会保障の共通のＩＤが未だに導入されていないからです。そもそも、共通ＩＤの導入に反対してきたのは社会保険庁、それに自治労でした。さらに、その尻馬に乗り、この問題を自爆テロ的に暴露して「消えた年金」とか大騒ぎしたのがいまの民主党なのです。つまり、もともと共犯関係にあった人々が起こした問題なので、解決しないのは当たり前なのです。

社会保障番号を導入し、それをそのまま納税者番号にしてしまえば、これまで税金の支払いを逃れていた人の分の税収も上がるため、かなり大幅な税収増が見込めます。ところが、このやり方では、消費税の増税に比べて官僚にとってのうまみがありません。なぜなら、消費税は、税率を高くすれば一部の品目に軽減税率が適用でき、それを認定する団体を天下り先にできるからです。一方、納税者番号を導入しても、どこにも天下り先は増えません。

私が厚労省に呼ばれていわゆる「レクチャー」を受けて驚いたのは、消費税増税後にはどれだけをどの省に配分してあげると、財務省から他の省に密かに伝えられていたことでした。

もちろん、私は男女共同参画事業や子育て家庭の負担軽減など、いくらでも財源を必要としているところはあると考えています。しかし、そこに財源を渡すためには消費税増税に賛成せよ、というその足下を見た考え方がいやらしく見えてしかたありませんでした。

＊　　＊　　＊

これらの問題に全体的に共通するのは、組織の定めた枠内でまじめに努力を重ねることがあまりにも推奨されてしまうと、みんながそこに向かって突っ走り、その結果、おかしなことが起こるということです。さらに、おかしなことが起こっても、検察による証拠捏造事件のように、さらにみんなが過ちの深みにハマる、すなわち、破滅の方向に突っ走るということです。

つまり、みんなが自分の組織の論理によってしか動かなくなると、それが集まって作られる社会全体が間違った方向に動いてしまうのです。これは、みんながまじめに何かをやっていたら全員がどんなに悪いことをしていても免責される感覚です。

まさに、対米開戦をあれだけ大喜びしていた国民全体が、戦いに敗れたら急に手のひらを返して「私は騙されていた!」みたいな言い訳をするのと同じ感覚です。まじめに行動することの恐ろしさに、私たちは気づかなければならないのです。

第4章　「まじめの罠」に対する処方箋

「脱・まじめの罠」のご利益

ここまで、「まじめの罠」の仕組みや、その害毒について繰り返し説明してきました。最後の章では、では、どのようにすればこの罠から逃れられるのか、渾身《こんしん》の力を込めて私の考えを綴りたいと思います。

「まじめ教」から抜け出したときに得られるご利益は、

①　労働時間が短くなる
②　お金が儲かるようになる
③　人を非難しなくなる
④　人生に満足できるようになる

などをはじめ、たくさんあります。

まじめな人というのは、常に何かに追い立てられ、いつも他人の評判や顔色ばかりを気にして生きています。しかし、「まじめの罠」から抜け出すことができれば、たとえ人にどんな顔をされても、何とも思わなくなるでしょう。人の評判を気にしたり、人と比べてしまったりすること自体が不幸の源泉だと気づくのですから。

また、自分のパフォーマンスを最大化しようと思ったら、本来、私たちは「まじめ」ではいられません。まじめというのは、世の中で決められたコンセンサスのある枠組みの中でしか考えられないということですから、まじめには限界があるのです。

したがって、まじめな人にとってクリエイティブなソリューションというのは、ふまじめで、ズルくて、悪いことだと捉えることが多いのです。しかし、その考え方を転換しないと、これからもずっと苦しい状況から抜け出すことはできないでしょう。

では、一人一人が「まじめの罠」から抜け出すためにはどうすればいいでしょうか？

ここでは、6種類のソリューションを用意しました。常にこれを心がけていれば、「まじめの罠」からいつかきっと抜け出せます。

「まじめの罠」から抜け出すための６つのソリューション

①　失敗を恐れるな
②　問題設定そのものを疑え
③　動物的な勘、身体感覚を養え
④　独立した経済力を持て
⑤　自分のまじめさや常識を疑え
⑥　正しい自己認識を持て

　この６つのソリューションを理解して実行するだけで、あなたも、自分や自分のまわりの人が陥っている「まじめの罠」をよく観察でき、しかも、「まじめの罠」にハマらないようにするための力を必ず得られるはずです。

① 失敗を恐れるな

失敗は喜びに変えられる

「まじめの罠」から抜け出すために第一に必要なことは、トライ&エラー、試して失敗することです。また、試行錯誤による失敗を恐れないことです。すなわち、「無謬がすべて」の世界から抜け出し、喜んで失敗しようとする姿勢を持つ、ということになります。

ここで、一つのケースを考えてみましょう。

あなたは、サイズが合わなかった手袋を買った場合、どのように対応するでしょうか。

私は、バイクの教習所で二輪の教習を受けるとき、最初は教習所で売っていた軍手を使っていました。でも、軍手はさすがに使い勝手が悪く、大型二輪の教習に進んだのを機に専用の手袋を買うことにしました。そしてアマゾンで探したら、4千円ぐらいの手頃な手袋を見つけました。いくつか色の種類があったのですが、赤だけが翌日配達だったため、とりあえず赤い手袋を買いました。

この手袋には、XL、L、M、S、SSというサイズがあり、手の幅なども書いてありました。仕様はユニセックスです。私は女性としては小柄なほうなので、自分の手のサイズを測った上で、とりあえずＳサイズを注文しました。

翌日、手袋が到着したので実際にはめてみると、かなりきつく、ピチピチでした。

さて、こんなとき、皆さんならどうするでしょうか？

まじめな人は「手袋は使っているうちに伸びてくるから、まあいいか」などと言い、たぶんそのまま我慢して使い続けてしまうのではないでしょうか。

でも、ここで大事なのは、「自分は間違ったサイズを注文してしまったのではないか」と素直に認めることです。さらに認めるだけではなく、本当に注文すべき手袋のサイズはＭサイズだったということを理解することが大事です。まじめな人ほど、「もう届いた後なので、まあ仕方ないか」と思いがちです。

私は、一日だけ赤い手袋を使ってみたのですが、ふだんなら考えられないようなミスを教習所でしてしまったため、やっぱりこの手袋の使い勝手の悪さを認めました。そこで、すぐにＭサイズの手袋を注文してはめてみると、やはり使い勝手が違いました。さらに、Ｍの手袋を２つ買い足して３つにし、赤いＳサイズの手袋は仕舞っておきました。Ｓサイズの手袋は将来、私よりも手の小さい人が自転車やバイクを習い始めたときに役に立つかもしれないと考えたからです。

私の共同事業パートナーである上念司さんに同様の質問をしてみたところ、彼は『サイズが違う』と文句を言ってMサイズと交換してもらえないか交渉してみる」と答えました。

皆さんはどうでしょうか。

なお、この話には後日談があります。無事に大型二輪の免許を取って1カ月ほどバイクを乗り回していたある日、急に出てきた車をよけるために急ブレーキをかけた際、まだ運転の技術が低くてそのまま前輪をロックさせてしまい、バイクから落っこちるという事故に遭いました。この事故で右手首を強打して尺骨《しゃっこつ》を骨折してしまったのですが、そのときにしていたのがこの手袋だったのです。

ヘルメットは、フルフェイスといわれる顔を覆う丈夫なもの、上半身も下半身もバリバリのプロテクターで固めていたのですが、手袋だけはプロテクター入りではなく、このMサイズの薄手の手袋を使っていたのです。

バイク事故の死亡原因の大半は頭か胸の強打だと聞いていたので、その部分はしっかりとカバーしていました。また、足もブーツでしっかりと固定し、足首をカバーしていました。

ところが、唯一、手首だけが剥《む》き出しの状態だったのです。私の手首は、まさしくケガをすべくしてしたというわけです。

そして再度、今度はアマゾンではなく楽天で、バイクレースにも出られるような、指も手首もたくさんのプロテクターで覆われた手袋をじっくりと探して買い直しました。これは１組で２万円以上もするものでした。でも、もし手首を折るという経験をしなかったら、このような高い手袋を買うことはなかったでしょう。手首を折ったことで生活にものすごい支障が生じたので、こうした行動に結びついたのです。つまり、失敗が私に改善策をもたらしてくれたのです。

この原稿を書いているときも、まだ完治はしていないのでキーボードを打つ度に手首がチクチクと痛みます。でも、この痛みがあるからこそ、今後の事故が防げるのだと考えると痛みすら愛おしくなってきます。

私はこれまで、バイクの手袋で２回失敗し、特に２回目は骨折という大きな代償を払う結果となりました。しかし、それによって新しいことを学ぶことができました。自分が無謬であるどころか、自分の毎日の生活には多くの間違いがあること、あるいは間違っていないとしても改善の余地があると考えれば、すべての失敗が喜びに変わる可能性があると考えます。

とにかく、枠組みは自分で作れ

多くの人は、すべての枠組みは人から与えられるものであると考えて生きているからこそ、それに無理やり自分を合わせようとして苦しくなるのです。そうではなく、枠組みというものは自分の力で構築していくものなのだという視点が大切です。

では、枠組みを人から与えられないためにはどうすべきなのかというと、多様な情報源、多様な価値観、多様な経験を積むことが必要になります。そのためには、私は「システム外の行動を増やせ」という表現をよく使って説明しています。単純に言ってしまえば、「システム」とは、主に職場とか、日常のルーティンワークのことです。だから「システム外」とは、それ以外の場所や行動のことです。つまり、「システム外の行動を増やせ」というのは、言い換えれば「よく遊べ」ということです。

数多くのテレビ番組や企業のブランディングなどを手がけるプロデューサーのおちまささんも、「遊ばないヤツにマーケティングは無理」と言っていました。「遊んでいる人」でなければ、さまざまな状況にうまく対応できず、自由なものの見方もできないということです。まじめだと、どうしても内側の世界の論理に凝り固まり、世の中の潮流や時代の本質といったものをつかむことができないのです。たとえば国内や海外を旅するとき、いつもパッケージで旅行しているのと、それとも自分の頭や足を使って旅行しているのとでは大きな差を生みます。

自分が属しているシステムの内側でばかり行動するのではなく、その外側でどれくらいの時間を使っているのか、しかも、本当に純粋に、目的もなしにどれだけ遊べるかで幅広い視点を得ることができるようになります。

でも、ここで勘違いしないでください。「そうか、どんどん遊んだほうがいいのか」といって、テレビゲーム漬けになっている人がいたとしたら、その人はテレビゲームという枠組みの世界にハマっているだけということになります。

また、よく聞かれる質問の一つに、「遊べと言いますが、どういうふうに遊んだらいいんですか？」というのがありますが、これには困ります。自分のするべきことを誰かが教えてくれる、という発想そのものを捨て去ってほしいのですから。

常に別解を探せ

次に、何らかの目的を達成しようとした場合、そのためにはどれくらいの手段があるのかを考えるクセをつけることを推奨します。たとえば、私はこの仕事を頼まれたけれども、いますぐにやる必要があるのかとか、最適な手段とは何かを考えるとか、解き方や答えは一つではないということを常に考えておくことが必要です。仕事では、解はいくらでもあるものです。だから、いままで通りの解き方で得られた答えが唯一の最適解だ、といったような考え方は危険です。

とりあえず身近にある解を探すものの、こっちにも抜け道はあるんじゃないか？ということをひたすら考え続けるのです。別解というのは自分なりの答えを出すことであり、その答えに対しては自分で責任を持たなければなりません。

先に例に挙げた、私のバイクの手袋で言うと、その時々に私が最適と思える解は変わっていくわけです。どこにも「唯一の正解」といったものはありません。

ところが、いつも人に責任をなすりつけたいまじめな人は、そういう曖昧《あいまい》さを許すことができません。なぜなら、これまで通りの、あるいは人から与えられたような解き方でやっていれば、仮に間違ったとしても、その間違いは解き方を考えた人のせいにできるからです。まじめな人はこうして、自分のせいにはならないように生きているのです。

マスメディアからの情報は、全体の３分の１くらいで十分

マスメディアの情報というのは、まさしくシステムの枠内の情報です。しかも、枠組みの中にいるほうが正しいということを自分で推奨し続ける情報源です。マスコミの情報に触れ続けると、自分がその枠内にいることを自己正当化し、安住してしまいます。「マスコミも私たちもみんな仲間」といったような、悪い連帯感を生んでしまうのです。

マスメディアからの情報は全体の３分の１程度に留め、別の３分の１はネットや書籍などでマスメディアの情報の裏をとり、さらに残りの３分の１は自分独自の情報源を持つようにしたほうがいいでしょう。

ただ、独自の情報源というのは、先ほど述べた常に別解を求めるとか、非日常の時間を持っている人でないと、なかなか手に入れるのが難しいものです。とはいえ、立ち食いそば屋さんで男女比の日次変化を追うことだって一つの立派な独自情報源です。

たとえば、私が日頃疑問を抱き続けているものの一つに、「小諸《こもろ》そば」で食べている人はなぜ圧倒的に男性なのか？　というのがあります。実際、先日「小諸そば」に行った際、私が11時40分に店に入って11時52分に店を出るまで、お客さん40～50人のうち、女性は私だけでした。しかも、圧倒的に多いのは40代から50代の男性でした。

これに関心を持った私はツイッター上で、「小諸そば」はなぜ男性客ばかりなの？　と聞いてみたことがあります。すると、女性が「小諸そば」で食事をしないいくつかの理由が返ってきました。一番目は、オヤジだらけだから入りにくい、二番目は、のんびり食べられない、三番目は、おしゃべりができないというものでした。

ただ、女性は「小諸そば」の商品そのものは好きなのです。実際、お持ち帰りの列に並ぶお客さんの中には、一定数の女性が含まれていました。つまり、「小諸そば」は、店の造りが女性が望むものに対して応えていないというわけです。きっと、10分で食べて出るのが原則の店ですから、ＯＬに長居でもされてべちゃくちゃおしゃべりされたら困るのでしょう。「そういうのは、○○カフェなどでやってくださいね」ということだと思います。

このように、「小諸そば」だけの例で考えても、いろいろな独自の視点を身につけることができます。

また、次のような例もあります。最近、事務所の近くにあるコインパーキングの料金が２００円も上がりました。以前は１日の最大料金が２２００円だったのが２４００円になったのです。ここで何の疑問も抱かずに日々を過ごしていると、「ああ、値段が上がったなあ」というだけだと思いますが、値上げの理由が私にはピンときました。このあたりのコインパーキングで１日の最大料金を設定しているのはここしかなく、おそらくそれに気づいた経営者が「ここなら２００円くらい値上げしても大丈夫だろう」と思ったのでしょう。しかし、２００円の値上げというのは８％アップくらいに相当するので、かなりの額です。

たかだか駐車場の料金値上げと思われるかもしれませんが、よく観察すると、とても面白いことがたくさんわかります。こういうのが、まさに独自の情報源になるのです。いろいろなものを好奇心を持って観察すると、マスメディアが伝えていないことがいろいろとわかるようになります。

仲間を見つけよう

「システム外の行動を増やせ」と前述しましたが、このとき、システム外に仲間を作ることを習慣にしましょう。そのためには共通の趣味を持っていることが必要です。集団が形成されるときというのは、そこに共通の趣味があるということですから。たとえば、山登りの仲間でもテニスの仲間でも、そこには「山」「テニス」という共通の趣味があります。

どうしても趣味が見つからないときは、自分が興味を持っている社会人向けのセミナーなどに参加してみるのも一つの手です。そこには「このセミナーに興味を持っている」人たちが集まるので、人とのつながりも生まれやすくなり、人間関係を広げる機会にもなります。セミナーでなくても、同窓会の幹事を買って出るのでもかまいません。

私が「勝間塾」という社会人向けセミナーを月例会方式で開催しているのは、ここで仕事以外の仲間を見つけられるように、システム外の考え方に定期的に触れられるような受け皿になることを考えたからです。

もちろん、このセミナーに参加するような人たちは、自分の実力で勝間塾の外で仲間を見つけることができると思いますが、勝間塾を通して、より効率的に仲間を増やすことができるようになるでしょう。

私は、勝間塾をスポーツクラブと全く同じイメージで設立しました。言ってみれば、「知恵のスポーツクラブ」のようなイメージです。月会費があって、設備があって、ある程度スタジオプログラムみたいなイベントがあって、といったような感じです。しかし、その本質は、参加者がそのインフラを自分で勝手に利用して、自分の力でトレーニングプログラムを見極めて、鍛えていってほしいのです。

公的な組織でも、こうしたシステムの外側にあるような組織があります。たとえば、子どもが通っている学校の保護者会や地域社会などがそうです。しかし、地域社会が本当に多様な考えを許容する場所となっていればいいのですが、そうでない場合もあるので注意も必要です。

つまり、同じ会社にずっと勤め、しかもその会社の社宅に住んでいる、といったような形で一つのシステムに囲い込まれることは大変危険だということを認識してください。それでは逆にまじめの罠に陥る最短距離になってしまいます。

②　問題設定そのものを疑え

名刺で割り箸は折れる？　折れない？

本書の冒頭でも述べたように、私たちの身のまわりには、職場で与えられる仕事の目標の他に、あふれ返るほどの法律、または法律にまではなっていなくとも、さまざまな守るべき規則があります。つまり、もともとの問題設定の枠組みの大半は与えられたところからスタートしています。ところが、たとえばマッキンゼーというコンサルティング会社がなぜ顧客から多額のフィーをもらえるのかというと、これらの問題設定そのものを徹底的に疑うことを行っているためです。

私が実績を上げた事例では、クライアントができないと思い込んでいたものが、実は法律改正があり、すでにそのことができるようになっていた、というものがあります。そのため、開発に大きな成果を上げることができるようになったのです。システムの中にいったん囚われてしまうと、問題設定そのものが不変のように感じられ、それ以外の枠組みで考えることが難しくなります。

さて、私がセミナーで行っているもののうちの一つに、「名刺で割り箸を折る」というトレーニングがあります。ほとんどの人は、名刺のような紙で割り箸のような固い木を折ることができるとは思わないでしょう。事実、このトレーニングを最初ノーヒントで実行してもらうと、ほとんどの人が失敗します。

でも、実際には割り箸を上手に固定し、名刺をある角度でしっかり振り下ろせば、ほとんどの人が割り箸を折ることができます。しかし、何度説明しても割り箸を折ることができない人がいます。そういう人は名刺を使わずに素手でやらせても、割り箸を折ることができません。これは、「割り箸は折れない」という「常識」から逃れられないために、手を振り下ろすときに無意識に手加減してしまうからです。すなわち、問題設定を守ろうとする力が、実行力に影響してしまうのです。

すべての自動車の通行を止めるべき？

いつでも、どこでも、「目標」とか「決まり」として世の中から私たちに与えられるものに対して、「これはおかしいんじゃないの？」と考えることは重要です。

たとえば、震災の後、菅前首相をはじめ多くの人が「浜岡原発を止めろ！」といって大騒ぎしたことは記憶に新しいと思います。しかし、では、なぜ浜岡だけを止めなければならないのかという根拠については最後まで不明確なままでした。菅前首相は、「浜岡原発が活断層の上にあるから」などと発言していましたが、他の原発も、新たに発見された活断層の上にあることがわかっています。もし、その理屈であれば日本中全部が危険な状態にあるため、原発は全停止という結論が導かれます。しかし、そのようにはなりませんでした。

結局、二転三転の後、そのシナリオに沿ったのか、いったんは再開を約束した玄海原発を筆頭に、すべての原発にストレステストが課されることになりました。そうなると、これまで節電とは無縁だった西日本に多大な影響を及ぼします。西日本は、東日本よりもはるかに原発依存率が高いからです。

原発は、その扱いを間違えれば極めて危険なものであり、広い地域に多大な被害をもたらすものであるということについては異論がないと思います。しかし問題は、では、なぜ、その危険を冒してまでこれまで原発を使っていたのかを考えなければならないということです。そこにはもちろん、国全体のエネルギー保障という問題があります。

私も、緩やかな脱原発は必要だと考えています。しかし、それをわずか1年で止めてしまえという人がいますが、その問題設定そのものがおかしいのではないか、再考する必要があると考えています。単に危険だというだけならば、石油コンビナートをはじめ、危険なものは他にも全国に存在します。

震災時、千葉でＬＰＧのタンクが爆発して火災を起こしました。では、ＬＰＧのタンクもすべて操業停止にすべきなのでしょうか？　また、毎年毎年これだけの交通事故が起きているのであれば、すべての自動車の通行を止めるべきなのでしょうか？

このように、まずは問題設定そのものを疑ってみる姿勢が大切です。

経済学は占星術ではない

疑うべきものは、こうした災害時の事例に留まりません。

昨今、日本を覆っている不況の原因は、小泉・竹中改革にあったということがまことしやかに言われています。これもまったく根拠のない話です。思い出してみてください。

小泉・竹中改革時代は失業率も改善し、プライマリーバランスもあと一歩のところでプラス転換して財政再建できるところまで達していました。しかし、その後不況になったのは日銀が裏切り、金融引き締めを行ったことが第一の原因です。また、リーマンショックに対してその後の政権、日銀が何もしなかったことによって不況が加速されたのです。

経済学は占星術ではありません。「良いデフレ」などというものは存在しません。また、変動相場制を採用している日本が、円という通貨でいくら借金をしたとしても破産することはありません。ところが、こうしたごく当たり前のことを言っても、「勝間和代はトンデモ」などと言って批判する人がいます。トンデモというのはどういう定義で何を根拠にして言っているのか、私にはまったくわかりません。さらに、まじめな人たちは、私が「経済学の博士号を持っていない」という権威主義を盾に攻撃してきます。

こういった、単なるプロパガンダのような嘘に対して、常に「これはいったい何なんだろう」と考える習慣が必要です。権威のある人も含めて、相手の言っていることを鵜呑みにするなということです。日本で権威と呼ばれている人の中には御用学者のような人もいっぱいいて、政府の政策に都合のいいような嘘を平気でつきます。だから特に注意が必要です。

その典型が、「人口が減ったからデフレになった」などという俗論です。これは統計上、いくらでも反証が挙げられるので詳細はあえて省きますが、こうした言説は増税を正当化するためのポジショントークだったりすることを理解した上で、批判的に調べる習慣が必要です。実際、平成23年度の経済財政白書には「1990年から2010年にかけて、生産年齢人口の変化率と物価上昇率の間には明確な相関関係は確認できない」と書かれており、デフレの正体が人口減少と関係ないことを「お上」ですら認めているわけです。

1つのソースから得られる情報を鵜呑みにしないようにしましょう。情報を得たら、その情報は誰が言ったのかということよりも、情報の中身をきちんと検討すべきなのです。「専門家が言っているのだからきっと本当なのだろう」という考え方はすごく危険です。これこそ、まじめな人の典型的な思考パターンです。

そもそも、100%正しいことを言う人なんて存在しません。人には思い込みもあれば、立場上、言えないこともあります。また、一度間違ったことを発言したからといって、それ以外の主張すべてが間違っている訳でもありません。

おかしいものは、おかしい

また、日本には「私は信じやすい性格です。でも、それの何が問題なんですか?」とか、

「人を疑うなんて、そんなことは私にはできません」と言う人がたくさんいます。ものごとを批判的に検討するのは善悪の問題ではありません。悪いヤツだと疑うのではなく、批判的に検討するということが、逆に真剣に話を聞いていることの証拠でもあり、ある種の礼儀だといっても差し支えありません。「疑う」ということについてのネガティブな感覚を捨ててみてください。

まじめな人というのは、相手の言うことを鵜呑みにすることで、相手にすべての責任をなすりつけようとします。だから、自分が「疑うことを知らない、いい人」であり続けるために、まともに人の話も聞かず、「オールＯＫ」にするのです。そして、権威に言わせておいて、権威の言う通りにやって、それでもし上手くいかなかったら「権威が私たちのことを騙してました。騙されて傷つきました」みたいに言うのです。だからこそ、まじめな人は権威や専門家の意見が大好きなのです。

こうして、判断を人任せにしたいという気持ちが結果的に責任のなすりつけという形で表れます。そして、自分が無意識にそうしていることに、本人はまったく気づかないのです。だから、疑うというのは、相手を疑うのと同時に、実は自分をも疑うことなのです。

まずは、自分の、ついつい鵜呑みにしてしまう姿勢自体を疑ってみてください。そうすると、必然的に相手の人格を疑うことがなくなり、言っている内容について、それが事実かどうか確認しながら、きちんと疑うことができるようになります。

したがって、疑うためには十分な知識と思考ロジックが必要です。たとえば、私はあるテレビ番組で新車の最初のオーナーの平均的な使用年数が何年かということで、専門家ゲストと意見が割れたことがありました。その専門家は13年だと言いました。私は、単純に法人の車の減価償却が5年であるということを考えても、あるいは自分や自分のまわりの事例を考えても、最初のオーナーが13年も乗り続けることはあり得ないと考えました。誰がどう考えても、車検の年数を考えるとせいぜい8年かそこらで買い替えるはずです。どんなに長く持ったとしても10年でしょう。しかし、それでもその専門家は、13年だと言い張りました。

番組収録後、私がネットで調べてみたところ、やはり最初のオーナーの平均使用年数は8年でした。13年というのは、その車自体が中古売買も含めて平均的に使われる総年数のことでした。このことを番組放送前に知ることができたので、放送時、テレビの電波を通じて間違った情報を伝えることを防ぐことはできたのです。しかし、番組関係者をはじめ、多くの人たちが番組の台本を本番前に見ているわけですから、本来、私以外のより多くの人が「おかしい」と気づくべきでした。

「専門家がどんなふうに言ったって、おかしいものはおかしいよね」ということを言えるかどうか。それには、いろいろな知識を持ち、自分の中にさまざまな基準があると対応できるようになります。その基準に対して矛盾することを言われると、それはおかしいなと気づくことができるようになるのです。

では、そうした知識の引き出しがない場合にはどうすればいいのでしょうか。知識がない部分については判断を保留し、それが正しいかどうかわからないという判断をすればいいのです。その後、機会があったら調べてみる、機会がなかったらとりあえず保留の棚に突っ込んでおくこと、これが、疑うということの本質です。

③　動物的な勘、身体感覚を養え

継続的に比較検討する重要性

まじめな人たちは、「勘」や「無意識」といったものをあまり大事にしません。「虫の知らせ」もあえて無視してしまいます。しかし、ほとんどの人たちには、さまざまな経験や知識を元にして、動物的な身体感覚として、「これは正しい」「これは間違っている」ということを瞬時に判断する能力が身についているはずです。

ところが、まじめの罠にハマってしまうと、そういった動物的な勘が鈍っていきます。このような勘はオカルトでもなく、無意識に蓄えられた知識からの直感であり、知識の集大成から生み出される軸です。あえて訓練してこれを身につけることができれば、一人の専門家の意見を鵜呑みにせず、他の専門家の意見も多く聞きながら、自身の中で双方の意見を自分の頭の中で戦わせて反芻《はんすう》することで、はじめて体系的な知識として身につけることができるようになります。

「どちらの言っていることも正しい」といったような曖昧な結論ではなく、最後はあえて自分の軸で斬るようなことを訓練としてやってみれば、徐々に無意識的なものが磨かれていきます。専門家の意見を適当に流して聞いて「はい」「へー」「ほー」「ふーん」と言っても意味がありません。一度、自分の軸に置き換えて考え直すのです。

世の中には、ありとあらゆる情報が溢れ返っています。「健康」とか「エネルギー」とか「放射線」などのテーマ一つとってみても、あまりにも多くの専門家が違うことを言っているので、どれが正しいのかさっぱりわからなくなる人も多いでしょう。

では、あふれ返る情報のうち、本当と嘘はどう見分ければいいのでしょうか。

その基本は、とにかく、「継続的に比較検討すること」に尽きます。同一人物が矛盾するようなことを言っていたりすることは多々あります。そういうことに、まずは気づいてください。矛盾点は予断を持たず、多様なデータを徹底的に調べることです。

こういうことを繰り返していくと、いわゆる「直感」が鋭くなってきます。相手の言っていることは本当なのか、単なる言葉遊びなのか、正しい実験データに基づいて確信をもって話しているのか、都合のいいデータだけを寄せ集めて言っていないか、相手の表情や言語外のコミュニケーションに注意するだけでも、その判断が身についてきます。

いわゆる「著名人」たちは、自分の交流の輪の中に入れる人と、入れない人をかなり厳しく選り分けています。その選り分けの基準は実はあくまで「直感」なのです。なぜなら、ものすごい人数の人たちが、その相手の輪の中に入りたいと願って殺到するわけですから、その中で、この人は信用できる、この人は信用できないというのは直感で割り切るしかないのです。

コンピューターがいつまでたっても人間に追いつけないのが、この「動物的な勘」という部分です。コンピューターは今の構造では白黒はっきりつけないと判断ができないのですが、人間はこの曖昧なものでも判断ができるような構造になっています。

パソコンでセキュリティとして求められるような数字や英単語、あれはコンピュータではノイズが多すぎて判断できないのですが、人間は見ただけで、瞬時に数字や英語を読み取ることができます。これは、私たちが無意識下で、コンピュータよりもよほど優秀な判断ロジックを持っている証拠です。

自分で考え、自分で行動し、自分で責任を持つということの繰り返しをしない限り、身体感覚は絶対に身につかないと断言できます。そして、この自主的な判断と、自分の勘を磨く行動は、つねに心がけていれば実は誰でもできるのです。

運のいい人は虫の知らせを重視する

「まじめな人」の最大の欠点の一つが、こういった「勘」のようなものを忌み嫌い、無視することです。根拠や権威がないと、それに従いたがらないのです。結果として、自分自身の判断が遅れてリスクを逆に増やしたり、チャンスを失ったり、行動の遅れを招いたりするのです。

心理学者のリチャード・ワイズマン博士は、著書『運のいい人、悪い人――運を鍛える四つの法則』（矢羽野薫訳、角川書店、2004年）の中で、運のいい人は虫の知らせを重視する、ということを強調しています。そして残念ながら、まじめな人ほど、虫の知らせは無視してしまうのです。

ちなみに、この本で言っている運を良くする方法は次の通りです。

法則１　チャンスを最大限に広げる
法則２　虫の知らせを聞き逃さない
法則３　幸運を期待する
法則４　不幸を幸運に変える

この４つのどの法則も、「まじめな人」には向かないことばかりです。

④　独立した経済力を持て

ポータブルスキルを磨け

さて、なぜ私たちは過度に「まじめ」になってしまうのでしょうか。それは、日本の終身雇用制に一因があります。このシステムでは、組織からクビを言い渡されたら最後、それ以外の道はあまり残されていないと考える人が多いからです。そのため、その組織になんとかしがみつこうとして、「まじめの罠」にハマりやすくなるのです。

だからこそ、この罠から抜け出すためには、十分に時給の高いポータブルスキルと、逆境にも耐えうるだけの資産が必要になります。そのような独立した経済力があれば、「まじめの罠」にハマることもなくなります。

さまざまな職業において、なぜこんなにも給料が違うのでしょうか。それは、その仕事を供給するために必要なスキルセットへの投資期間が違うからです。数時間や数日のトレーニングでできる仕事の時給は安くなり、一方、育成に何十年もかかる場合は時給も高くなります。

すなわち、その人の給料は、仕事ができるようになるまでの訓練期間や需給のバランスによって決まります。供給がたくさんあっても需要が少ない分野に行けば、給料は当然安くなります。では、供給がたくさんある職業とは何でしょうか。それはたとえば、訓練期間が１日ですむ職業となります。

私の前職は証券アナリストですが、外資系の証券アナリストで、自分の名前でレポートを書いている人の給料は、安くても年収数千万円、高い人で数億円です。なぜそんなに高い給料をもらえるのかというと、証券アナリストとして顧客の信頼を得、手数料を払うに値する質の高いレポートが書けるようになるまでには、その育成に十数年もかかるためです。

では、訓練機関が１日ですむような職業と外資系証券アナリストの中間は何でしょうか。それは、たとえばネイリストやタクシードライバー、マッサージ師などです。こうした職種の人材育成には数カ月を必要としますが、それ以上の必要はありません。結果として、１時間４０００円～７０００円くらいの時給の相場が、その投資期間からできあがります。

このように考えてくると、投資期間を十分に持っていて、どんな会社でも活用可能な人材になれば、組織の論理に囚われた「まじめの罠」にハマる必要がなくなります。しかし、そのためには自分が属している組織以外でも活用可能なポータブルスキルを数年、あるいは数十年単位で積み上げることが必要になります。お金があれば、お金を獲得するために組織に固執する必要がなくなるのです。

いつでも同じ生活ができるように

収入以外にも、「まじめの罠」にハマってしまう原因は負債のコントロールです。標準的な収入しかないにもかかわらず、少し背伸びしてローンを組んで家を買ってしまった人は、かえって貧乏になってしまいます。たとえば、ちょうど小泉改革時代にウォーターフロントのいい所にちょっとしたマンションを買った公務員が、震災後の公務員給与削減でローン破綻に陥るといったような話です。すると、組織から抜け出すのがさらに難しくなり、「まじめの罠」のスパイラルにハマり込んでいくことになります。

このように、無理してローンを組むと、定額収入があっても貧乏になってしまうというパターンは実は多いのです。まじめな人は決して浪費家ではありませんが、我慢に我慢を重ねた末の「あこがれのマイホーム」といった一世一代の贅沢によって、こういった破滅のパターンに陥ることがあるのです。

「これは価値がありますよ」という言葉を信じて高値で買ったものが、何かの拍子で風向きが変わってその価値が急に下がったりすると、まじめな人のリスクは顕在化します。これは、業績の悪化などによって給料が急に減らされたりしたときも同様です。こういうとき、まじめにやってきたからこそ、まじめな人の怒りや恨みは増幅します。

自分に稼ぐ力があれば、組織の枠組みにハマることはありません。だって、クビになったら別の仕事を探せばいいのですから。厚労省（当時）の村木厚子さんを取り調べた元検察官の前田恒彦氏だって、検察をクビになったら弁護士をやればよかったのです。しかし、彼には証拠を改竄する間違った勇気はあっても、弁護士で食べていく正当な勇気はなかったようです。逆に、検察のあまりにおかしな論理に嫌気がさし、検事を辞めて弁護士に転じ、いまではコンプライアンスの第一人者となった郷原信郎氏には弁護士でやっていく自信があったのです。

前田元検察官はものすごく「まじめな人」で「割り屋（シナリオ通り自白を取る名人）」として、次世代の検察を担う人材としてサラブレッドのように組織内で優遇されていました。「大阪地検にすごい優秀なヤツがいる！」などと言われ、高く評価されていたようです。

でも、前田氏はその空気に完全に染まりすぎてしまったようです。本来であれば、そこで少しでも疑いの目を向けなければいけなかったのですが、彼はきっと「オレは検察以外では生きていけないから……」といったような思い込みで、疑問を持とうとしませんでした。そして疑問を持とうとしなかったからこそ、外の世界に余計に出られなくなってしまうという悪循環に陥ったのでしょう。

現在所属している組織から放り出されても、いつでも、いくらでも同じ生活ができる、そういう勇気とスキルがあれば、「まじめの罠」にハマることはなくなります。もちろん、それは容易ではないかもしれませんが、常にそういう意識を持ち続けているだけでも変化は訪れます。

⑤ 自分のまじめさや常識を疑え

「まじめ」はヤバい

まじめを疑うためには、まずは自分が「まじめ教の信者」ではないかと疑ってみることが常に必要です。次の5つのポイントに引っ掛かるところがあれば、もしかしたらあなたは「まじめ教の信者」かもしれません。

（ア）初対面の人と、10分以上会話を続けることができない

自分の所属する組織の中でしか通用しない価値観に染まっていると、組織外の人と会話することができなくなってきます。そうすると、自分の組織外の人たちとの共通の話題を失ってしまうのです。

（イ）知らない価値観、意見をついつい批判してしまう

自分と価値観の違う人を攻撃し、そうすることに喜びを見出してしまう人は危険です。たとえば、ホリエモンが具体的に何をやったかよくわかっていない、あるいは新聞に書いてある程度のことしか知らないのに、「ホリエモン」という偶像に対する嫌悪感だけは強かったりしないでしょうか？

（ウ）努力する自分に酔う

象徴的な事例としては、残業していると気分が良くなるとか、徹夜で働いたことを自慢することなどです。また、「英語の勉強だけはしておかなきゃ！」と、英語の勉強をまじめに頑張ってＴＯＥＩＣ９００点を取ったまではいいのですが、外国人とのミーティングの場では英語で何も発言できないみたいな話です。

（エ）まじめではないのに結果を出している人に対して敵意を持ってる

これが一番の「まじめの罠：判定リトマス試験紙」だと思います。私なら、まじめにやらないで結果を出している人がいたら、「師匠、ぜひやり方を教えてください！」と、頼み込んでしまうでしょう。物事は結果も大事、でも、プロセスもそれと同じか、それ以上に大事だという考え方は、まじめ教の信者に共通しています。

プロセスマネジメントというのは確かにとても大事です。ただ、それはあくまでも何が結果につながるプロセスなのか、それをマネジメントすることが大事だという意味であって、決められたプロセスに対して疑わずに努力することが大事という意味ではありません。プロセス重視の人は、そこを完全に間違っています。

プロセスマネジメントというのは、プロセスそのものからある程度隔離して、プロセスの価値そのものをメタ認知的に考える必要があります。逆にまじめな人は、プロセスの価値を隔離して考えるのが苦手です。「〇〇はこうあるべき」と、全部大事にしてしまうのです。

（オ）やたらとメモを取る、話が長い

　まじめな人は、いろいろなことを心配します。だから何でもメモを取ります。何が大事で何が大事ではないか自分では判断しないので、全部メモをして取っておきます。しかし、後で見返しても結局何が大事だったのかわかりません。メモを取らないにしても、レポートに線を引きまくるとか、線を引きながら本を読むとか、こういったものもすべてまじめ教の信者の発想です。

　また、まじめな人は文章を書くのも遅い傾向があります。なぜなら、間違ったことは書けないと思って慎重になるだけでなく、頭の中で、必要な文章を短く精査する能力に欠けているからです。また、いろいろなことを書いておかないと、後で何か言われるのではないかと思ってたくさん書いているうちにまとまらなくなる、というケースもあります。

賢い人ほど「ふまじめ」だ

　賢い人は「まじめ」に耐えられません。そもそも、賢い人は結果が出ないのに頑張っている人を見ると、「何でこんなに結果が出ないやり方にこだわるのだろう?」と疑問を持ちま

す。

たとえば、私は中学受験の際、定番として人気のあった学習教材では、ろくに勉強しませんでした。ある程度勉強ができる受験生にとっては問題がすごく簡単で、最後まですいすい解けてしまうのです。結論が見えている問題ばかりに見えるのです。したがって、それらをすべて解いても、ちっとも実力が上がらないのです。

一方、勉強があまり得意でない子にとっては、その教材には十分な問題量が確保されておらず、不十分な内容でした。そういう子たちにとっては、同じ解法で解ける問題がたくさんあり、解法を定着させられるほうがよかったのです。

つまり、「みんなが使うものは基本的に誰にも合わない」という法則が適用できる典型的な教材でした。それでも、まじめな人たちは、毎日コツコツと、きちんと解き続けていました。

ところが、私立の問題を作成する先生方もこの教材を見て作っているので、結局、この教材を基本的に使わざるを得ません。すると、中学受験というシステム自体が、本当の頭の良さを測る、あるいはクリエイティビティを試すというものではなくなり、この教材のパターン学習を繰り返し行った児童が高得点をあげるようになってしまうのです。この考え方が社会人や官僚になっても続いてしまうのです。これは、とても根深い問題です。

私は受験のとき、国語はほとんど勉強せず、理科と社会にいたっては科目別の直前特訓で暗記してしまいました。自分でコツコツと勉強するより効率がいいと思ったからです。算数だけは積み重ねが大事なので、ある程度勉強しておきましょうと言われたのですが、私の場合はもともと算数が得意だったので、勉強を積み重ねた記憶もありません。

このような感じですから、受験時代も、平日のほとんどは受験勉強をしない普通の子どもと同じように遊び、週末だけは勉強するという日々でした。それで慶應義塾中等部も、桜蔭も、女子学院も合格しました。

賢いというのは、ある意味、ひたすら「抜け道」を探すことです。私の中学受験のときの勉強法も、言ってみれば抜け道を探した結果です。

今日では、インターネットを使って調べたりすることも一種の抜け道でしょう。ところが、２０１１年に世間を騒がせた「京大カンニング事件」では、インターネットを使って受験問題を解こうとした生徒が逮捕されるという事件が起こりました。この事件は当時、毎日報道されました。一受験生のカンニングに対し、なぜあそこまで厳罰に処する必要があったのでしょうか。この受験生の行為は、まじめな人たちにとっては許し難い行為でした。

しかし、よく考えてみてください。今、私たちは仕事で調べものをする際、普通にインターネットを使って検索して調べてはいないでしょうか。私は、これほどまでに誰もがインターネットを使っている時代であれば、いっそのこと受験でパソコンの持ち込みを許可したほうがいいくらいだと思っています。

勝間和代はいつも自慢話ばかりしている？

私はよく「自慢話ばかり書きやがって！」と批判されます。私としては、自分の事例を使ってわかりやすく説明しているにすぎないのですが、まじめな人たちからすれば、私のようなやり方は許せないのでしょう。まじめに努力している人は成果が出ず、私のようにスカッシュをしたり、バイクに乗ってばかりいる人間に成果が出ることは、そのこと自体が「悪」であり、秩序を乱すほど許せないことなのです。

こんな話があります。先にも触れた、痛くない注射針を開発したことで知られる岡野工業の岡野社長の所に、ロシア政府の役人が見学に来たそうです。彼らは製品を見て一言「これ暗殺に使えるなぁ」と漏らしたそうです。普通の日本人の感覚では、注射針＝暗殺という構図を思い浮かべることは少ないと思います。ところが、ロシア人の中にはこのような発想をする人もいるわけです。

つまり、自分の事例を使ってわかりやすく説明していることを自慢としてしかとらえられない人の視点というのは、私にとっては注射針が暗殺に使えると驚嘆していたロシア人のように理解できません。私としては失敗談も含め必要な情報をなるべく多くの読者に開示しているつもりなのですが、「自慢」という文脈でしか理解してくれないまじめな人が多いようです。

たとえば、「アメリカ人は就職活動のときに自慢話ばかりする」と言ったステレオタイプな批判に対しても、あれは単に実績をアピールしているだけだと私なら考えます。

おそらく、まじめな人が考える「自慢の概念」は、私の考えるものとは違うのでしょう。彼らとしては、自慢というのは居場所確認ツール以外の何ものでもありません。しかし、彼らがシステムの中で生き残るための自慢話というのは、たとえば転職に使えるようなレベルではないわけです。

転職をする際の面接などで実績を列挙するのは、相手に対してメタ認知に必要な材料を出しているだけの話です。しかし、まじめな人にはそれが自慢（＝組織の中で居場所を確保するための消極的で姑息なアピール）としか解釈できないということではないでしょうか。

ふまじめな人は、過去のハイパフォーマンスを上げた実績について、どうすればそれを達成できるのかという手法を、親切に、惜しげもなく教えてくれます。それは簡単に真似できないであろうという自信もあるのかもしれませんが、大抵の場合は、お互いがウィン - ウィンの関係になるために教えてくれます。

逆に、まじめな人は大したノウハウでもないのに、そういうことを隠します。わざと複雑なノウハウがあるかのように演出し、そうすることで自分の居場所が安泰になると計算するわけです。まさにこれは天下り問題と同じ構造です。わざと制度を複雑にして例外を作り、そこに変なロジックをこねくり出して、無理やり存在意義をでっち上げているのです。

知恵は力

では、どうすれば「まじめの罠」にハマらず、努力が成果につながるようにできるのか。それは、「知恵は力」という言葉に尽きます。知恵さえあれば、まじめにならなくてもすみます。ふまじめな知恵者のほうが、まじめで知恵がない人よりもずっとマシです。まじめになればなるほど知恵がつかなくなり、力技だけに頼るようになります。

たとえば、一つの目的を達成しようとした場合、さまざまな代替案を即座に考えることができ、その費用対効果を判断できる、そのような知恵が必要となります。しかし、まじめな人たちはとりあえず、目の前にあるやり方だけを信じてしまい、そこにだけ努力を注ぎ込むのです。

一方、ふまじめな人は何で知恵を使うかというと、楽をするために必要だからです。まじめな人はむしろ知恵があるといろいろと迷いが出るので、それをあえて否定した上で、日々のルーティンワークにのめり込むのです。

⑥　正しい自己認識を持て

私も、あなたの能力も大したことはない

まじめな人は、自分がつき従う枠組みに必要以上に忠実なあまり、変な、余計なプライドが高くなってしまいます。そして、プライドが高いにもかかわらず、結果がついてこないため、そのギャップに悩み、ますますまじめになってしまいます。

まずは、「自分の能力は大したことはない」とはっきり自覚することが大事です。ここにいる私も、世界中の人も、アメリカのオバマ大統領も、たった一人では何もできないし、大

した能力もありません。基本的に、結果に占める自分の能力の割合は2％しかないと言われます。オバマ大統領並みにルックスが良くて聴衆の心をつかむスピーチのできる人は世の中にごまんといるのですが、なぜ彼がアメリカの大統領というポストに就くことができたのかというのは、彼以外の要素、特に人間関係などが大きいわけです。

自分磨きから離れ、どうやったらチームワークで最大の成果が出せるのか、自分の弱点や小ささを自覚することで、「まじめの罠」から抜け出すことができます。

完璧なんてありえない

「正しいこと」なんていうものは絶対にありません。まじめな人は、世の中は知らないことだらけであるのを認めるべきです。まじめな人は、世の中に答えがあると信じて疑わないのです。しかし、答えがない問題のほうが多いということを、ぜひ認識してください。

記録をつけよう（記憶を都合よく書き換えないために）

まじめな人は、自分の都合のいいように記憶の書き換えをします。人の記憶の2割から3割に誇張が入ってしまうのはしかたのないことでしょう。私たちは、その程度なら割り引いて聞くことができます。しかし、まじめな人は過去の記憶を2倍、あるいは3倍にしてしまいます。

また、人は一回でも嘘をつくと、だんだん嘘が増えてしまい、最後は収拾がつかなくなってしまうのです。そうならないように、普段から記録をつけておく習慣を身につけるようにしましょう。

対等な人間関係（アサーティブ）を心がけよう

いつも対等な人間関係を心がけましょう。まじめな人ほど、上とか下とか、そういう枠組みのことばかりを気にします。自由に意見を言える関係にある仲間を持つこと、これが大事です。システムの外に仲間を持つべきだということは前述しましたが、それはここにもつながっています。自分の身のまわりにいる人間が全部家来しかいない、あるいは上司しかいなかったとしたら気持ちの悪い話です。漫然とサラリーマンをやっていると、組織のヒエラルキーで人間関係も決まってしまいます。そういう人が、プライベートの場面で対等な仲間を持っていないと大変なことになってしまいます。

たしかに、職業によっては上下関係が必要なものもあります。たとえば軍隊において、上官と部下が仲良くなってしまうというのは論外でしょう。そこはあくまでバランスの問題です。しかし、ほとんどのプライベートな場面では対等であるべきでしょう。

なお、アサーティブには対等の他、率直・誠実・自己責任という、合わせて4つの軸があります。人と接するときには、常にアサーティブな人間関係であるべきです。

知識をバカにしない

まじめな人に限って、「あれはコピペだ」とか「パクリだ」などと言って、先人の知恵や知識を利用することに対してネガティブで、すぐにそういうレッテルを貼ろうとします。

しかし、パクリのいったいどこが悪いのでしょうか。

効率良く結果が出ればそれでいいのではないでしょうか。

そもそも、パクリだけやっている人間なんていません。いろいろと思案して検討した結果、パクるのが一番効率がいいという判断になったときにパクるだけの話です。しかも、全部をパクって完全にコピーするわけではなく、実際使えそうな部分をパクってアレンジして使っている人も多いのではないでしょうか。

日本の自動車や電化製品にしたって、もともとは欧米の技術をパクることから始まり、それに改良に改良を施して世界に通用するモノにしていったわけです。
パクリはズルいとか猿真似だといった短絡的な反応は、むしろ言いがかりです。
それはやはり、知識に対する敬意がないからでしょう。
どんどん、コピペすればいいじゃないですか。

おわりに

「まじめ」というものをもう一度考え直してみましょう。

まじめというのはとても胡散《うさん》臭く、「〇〇さえやっていれば必ず幸せになれる」といった、極めて他力本願な思想を背後に感じます。「毎日3時間英語を聞いていれば、年収が3倍になる」といったような話を何の疑いもなく信じてしまうようなもの、と言えば想像がつくでしょうか。

まじめな人は、与えられたルールさえ守っていれば自分も守られる、自分が主体的に責任を取らなくてすむかもしれないと思っているのでしょう。しかし、それは「毎日会社で頑張ってまじめに仕事をしていれば、いつか必ずきっといいことがある」といった程度の根拠のない思い込みでしかありません。困ったときは助けてもらえるのではないかと都合のいい考えを抱いていたとしても、そんなことはほとんど起こりません。

先の震災にともなう原発事故で、原子力安全・保安院が東電に責任をなすりつけて切り捨てたように、結局、まじめに仕事をしていても何らかの不祥事でも起これば、組織はいとも簡単に人を切り捨ててしまうのです。

本書で何度か例に挙げた、元検察官の前田恒彦氏も組織から簡単に切り捨てられた人の一人でした。また、日本の経済不況がこのまま続けば、日銀総裁の白川方明氏も「デフレ不況を長引かせたA級戦犯」としてクビになるでしょう。クビにならないとしても、日銀による「デフレターゲット政策」は永久に維持することは不可能なので、いつかは絶対に破綻し、方針転換せざるをえないことは目に見えています。そのとき、きっと誰も日銀を守らないでしょう。

保安院、検察、日銀など、日本の組織は公なものから私的なものまで、みな「まじめ教」に毒されています。そして、この「まじめ教」が、いま正に日本を滅ぼそうとしています。この本を読んだ皆さんは、そのことに気づいたと思います。

自己責任や物事の判断から逃れようとしていないかどうか、まずは自分の行動を見直してみましょう。自分に少しでもそうした性質があると気づいている人は、「まじめの罠」から逃れられています。それを自覚しているからセーフなのです。

一方、「自分は違う」と思った人は、おそらく「まじめの罠」にハマっている人です。でも、もし自分が「まじめ教」に囚われていることに気づいたら、少しずついいので、その罠から逃れるように動いていけばいいのです。

私は、何事においても「努力するな」と言っているのではありません。この点は絶対に間違えないでください。「勝間和代は以前は『努力しろ』と言っていたのに、今度は急に『努力するな』と言っている」といったような批判は完全な的外れです。

私が言いたいのは、必要な戦略に応じて、必要な資金や労力を投入すべきだということです。遊んでいるだけでお金を稼ぐことができるならそれに越したことはありませんが、実際にはなかなかそうはならないので、必要な範囲で最も効率よく努力すればいいということを言っているのです。

したがって、「まじめ教」の信者から抜け出すというより、そこから抜け出す方法を自分なりに試してみましょう、ということです。この本を読んだ結果、読者がこれから少しでも楽に生きられれば、本書の役割は果たせたと私は考えています。精神的なプレッシャーやストレスが適度なレベルまで弱まればいいのです。自分のやりたいことが比較的できて、お金もそこそこ稼げて、時間もできて、楽しい家族や友人がいて、まわりから必要とされるような、そういう人生を歩めるようになればいいのです。

これには別に、ゴールとしての明確な基準があるわけではありません。今よりも、よりそういう状態に近づくほうがいいですよね、という話をしているのです。逆に、いまのように枠組みにハマってまじめに生きるのがいいというのは、まわりから無理やりそう思わされている可能性が高いということです。

＊　＊　＊

本文でも少し触れましたが、２０１１年４月から、私は「まじめ教社会」に対する挑戦の一つとして、「勝間塾」という私塾を始めました。２０１１年９月現在、20代から60代までの、さまざまな職業の方が９００名ほど集まり、月例会やオンラインコミュニティで励まし合いながら、ビジネススキルを中心とした多様な学習を行っています。

勝間塾の目標は「なりたい自分になる」ことです。そして、そのために最も重要なことは「自分の頭で、徹底して考えられるようになること」だと私は考えています。

たとえば、勝間塾では毎月宿題を出します。この宿題を通して、そもそもこの宿題は何のために出ているのか、どこまで解けばいいのか、宿題だけでは補えないものは何か、どうすれば忙しい日常の中で時間を作ることができるのか、といったことを考える訓練をします。この訓練で、考える力が身につくのはもちろんのこと、まわりの人の工夫を自分で真似てみることも覚えるようになります。

つまり、自己分析や情報収集、人それぞれの経験や生活体験を通じて、与えられた枠内だけで考えていては物事は決して解くことができないということを、一緒に体感してもらうのです。

そして、問題の定義そのものはどう行えばいいのか、まわりのちょっとしたことにどのような建設的な批判を加えれば状況はより良くなるのか、あるいは、これまでとは違うどのような代替案があれば状況は好転するのか――、こういった「考える習慣」を皆で醸成していくのです。

勝間塾の詳細については、検索エンジンで「勝間塾」というキーワードを入れていただければすぐ出てきますので、参照してみてください。オンラインを中心としているので、日本全国どころか、全世界からの参加が可能です。また、入塾・退塾のタイミングもすべて自由です。この塾で、自分のまわりの人が「まじめの罠」から抜け出していくのを見ているうちに、ふと気づけば、あなたも罠の外に出ているはずです。

勝間和代オフィシャルサイト
http://www.katsumaweb.com/

最後に、一言だけ注意しておきます。
私はふまじめを推奨していますが、ふまじめであることと、人に迷惑をかけることはイコールではありません。一般的にふまじめというのは、たとえば渋滞している道路の路肩をバイクが猛スピードで駆け抜けていくような状態のことなどを指すと思いますが、これでは単なる迷惑行為です。その上、危険です。効率だけを考えればこれでいいのかもしれませんが、私が言っているのはそのようなことではありません。
ふまじめは、あくまで他人に迷惑をかけないことが原則です。

＊　＊　＊

まじめの罠から上手に抜け出し、ぜひ、効率が良くて競争力も高い「ふまじめ」を目指してください。まじめの罠から抜け出すことこそが、現在の日本社会の閉塞感を払拭する処方箋になると私は考えています。

２０１１年９月

勝間和代

帯　写　真◇佐々木恵子
スタイリスト◇染谷明る実
ヘア&メイク◇藤井康弘

衣裳協力
TALBOTS◇03-6698-5971
グロッセ・ジャパン◇03-3500-5868

勝間和代（かつまかずよ）

1968年東京都生まれ。経済評論家。現在、株式会社「監査と分析」取締役、内閣府男女共同参画会議議員、中央大学ビジネススクール客員教授。早稲田大学大学院ファイナンス研究科、慶応義塾大学商学部卒業。アーサー・アンダーセン、マッキンゼー、JPモルガンを経て独立。少子化、雇用、ワークライフバランス、ITを活用した個人の生産性向上など、幅広い分野で発言を続けている。著書に『お金は銀行に預けるな』『会社に人生を預けるな』『日本経済復活　一番かんたんな方法』（宮崎哲弥氏、飯田泰之氏との共著。以上、光文社新書）など多数。

まじめの罠《わな》

2011年10月20日初版1刷発行

著　者 ―― 勝間和代
発行者 ―― 古谷俊勝
装　幀 ―― アラン・チャン
印刷所 ―― 堀内印刷
製本所 ―― ナショナル製本
発行所 ―― 株式会社光文社
東京都文京区音羽1-16-6（〒112-8011）
http://www.kobunsha.com/
電　話 ―― 編集部03（5395）8289　書籍販売部03（5395）8113
業務部03（5395）8125
メール ―― sinsyo@kobunsha.com

ISBN 978-4-334-03646-1

522
「意識の量」を増やせ！
齋藤孝

悩む前に、意識を増やしてまわりに向けてみよう。「ここがダメだったんだ」と気づくはず。生きていくための「社会力」「仕事力」を身につける意識増量トレーニングを紹介。

978-4-334-03625-6

523
孫正義 リーダーのための意思決定の極意
ソフトバンクアカデミア特別講義

経営の現場で実際にあった状況を元にした三〇の質問に答え、孫正義氏のリーダーとしての意思決定プロセスを学ぶ。また、意思決定の背後にある「孫の二乗の兵法」も孫氏自ら解説。

978-4-334-03626-3

524
出世するなら会社法
佐藤孝幸

役員報酬の決まり方、敵対的買収の防衛策、倒産後の手続きなど、話題のテーマは全て会社法に関係する。条文暗記は不要、これ一冊で要点がつかめ、デキる人たちへの仲間入り！

978-4-334-03627-0

525
1秒もムダに生きない
時間の上手な使い方
岩田健太郎

なぜ岩田先生は、超多忙でもテンパらないのですか?!――注目の医師が教える「本当の意味で時間を上手に使うための考え方」とは。限りある時間を削り取り、慈しみながら生きるコツ。

978-4-334-03628-7

526
政治学
新書で大学の教養科目をモノにする
浅羽通明

かつての公務員試験対策の名テキストが、新書で復活！〝流れ〟で学べる構成で、理解のキモとなる要点をコンパクトに整理。これ一冊で一般教養レベルの知識が身につく！

978-4-334-03629-4

527
経営戦略の教科書
遠藤功

早稲田大学ビジネススクール学生満足度No.1の白熱講義を初公開！　日産、コマツ、アサヒビール、セコムなど生きた事例を紹介しつつ「経営戦略とは生き物」との主張を展開する。

978-4-334-03630-0

528
会話は「最初のひと言」が9割
向谷匡史

会話において最も重要なのは、優れた話術でも笑いのネタでもなく、的を射た「最初のひと言」だ！　各界のトップたちに取材を続けてきた著者が〝最強のひと言〟を伝授する。

978-4-334-03631-7

529
精神医療に葬られた人びと
潜入ルポ　社会的入院
織田淳太郎

ノンフィクション作家である著者が、ある精神科病院の「長期療養型」病棟への入院体験をもとに、二十万人とも言われる「社会的入院」の内実を初めて明るみに出す。

978-4-334-03632-4

530
ニッポンの国境
西牟田靖

近年、諸外国との間で続く「領土問題」が日本の新たなリスクとなりつつある。北方領土、竹島、尖閣諸島で何が起きているのか。貴重な現地ルポを交え、その原因と真相に迫る。

978-4-334-03633-1

531
ジャズと言えばピアノトリオ
杉田宏樹

ピアノ・ベース・ドラムスからなるピアノトリオは、まさに「最小のオーケストラ」。本書は、そんなピアノトリオの魅力と聴く醍醐味を、著者おすすめのCDとともに紹介する。

978-4-334-03634-8

532
公務員試験のカラクリ
大原 瞠《みはる》

試験の難しさと独特のクセから特別な対策が必要で、一般の「シューカツ」とは両立しえない公務員試験の世界を解説。長年受験指導をしてきた著者独自の試験突破のコツも紹介。

978-4-334-03635-5

533
人は上司になるとバカになる
菊原智明

なぜ優秀な先輩、気さくな先輩が、昇進したとたんにイヤな上司に変貌するのか？ その秘密を、彼らへの対処法と共に解き明かす。東レ経営研究所特別顧問・佐々木常夫氏推薦！

978-4-334-03636-2

534
内科医が教える 放射能に負けない体の作り方
土井里紗

放射性物質による低線量被曝、内部被曝の影響をできるだけ少なくするには…？ 食事法、栄養療法、生活習慣、デトックス法など、日常的に実践可能な具体的対策を紹介する。

978-4-334-03637-9

535
ふしぎなふしぎな子どもの物語
ひこ・田中

テレビゲームから、テレビヒーローもの、アニメ、マンガ、児童文学まで、「子どもの物語」を串刺しにして読み解く試み。そこから見えてきた「子どもの物語」の変化とは？

978-4-334-03638-6

536
世界最高のピアニスト
許光俊

心を動かす演奏って何？ 美しい音って何？ まずは聴いてみよう。20世紀以降の名ピアニストたちの演奏を、感じ、悦び、楽しむためのクラシック案内。名演CDリストつき。

978-4-334-03639-3

537
専門医が教える
がんで死なない生き方
中川恵一
Dr.中川が〝がんは遺伝〟〝がん家系〟といった誤解を解き、予防法から治療まで徹底解説。多くの専門医からのアドバイスや放射線の疑問に答えるコラムも充実。〝使える〟一冊。
978-4-334-03640-9

538
「銅メダル英語」をめざせ！
発想を変えれば今すぐ話せる
林則行
英語の成績最下位の著者がトップになり、MBA留学を成功させ、世界で活躍する国際金融マンになった最短・最速の実践的上達法を大公開。本邦初、英語嫌いが書いた英語の本。
978-4-334-03641-6

539
宇宙のダークエネルギー
「未知なる力」の謎を解く
土居守　松原隆彦
宇宙の真の姿とは？　最新の宇宙論と天文学が問いかける謎が、いま、大きな注目を集めている。宇宙とは、いかなる存在なのか——。理論と観測の両面から迫る、刺激的な一冊。
978-4-334-03642-3

540
愛着障害
子ども時代を引きずる人々
岡田尊司
いま多くの人が、愛着の問題を抱えている！　人格形成の土台ともいうべき「愛着」を軸に、生きづらさやうつ、依存症などの問題を克服するうえで、新しい知見を提供する。
978-4-334-03643-0

541
もうダマされないための「科学」講義
菊池誠　松永和紀
伊勢田哲治　平川秀幸
飯田泰之＋SYNODOS編
科学とはなにか？　科学と科学でないものの間は？　科学を上手に使うには？——学校が教えてくれない、科学的な考え方を、稀代の論客たちが講義形式でわかりやすく解説。
978-4-334-03644-7

542
統計・確率思考で世の中のカラクリが分かる
髙橋洋一
「統計数字はウソをつかないが、それを使う人はよくウソをつく」――正しいデータ解析方法や統計のウソを見破る方法を解説。天才・タカハシ先生の問題解決ツールを伝授！
978-4-334-03645-4

543
まじめの罠
勝間和代
「まじめ」を疑ってみませんか？ いま、日本社会がこの罠にハマっていると考えると、いろいろな謎を解くことができます。「脱・まじめ」の上手な方法と、そのご利益。
978-4-334-03646-1

544
上野先生、勝手に死なれちゃ困ります
僕らの介護不安に答えてください
上野千鶴子
古市憲寿
『おひとりさまの老後』を残し、東大を退職した上野千鶴子に残された教え子・古市憲寿が待ったをかける。親子の年齢差の2人の対話をきっかけに若者の将来、この国の老後を考える。
978-4-334-03647-8

545
手塚治虫クロニクル 1946～1967
手塚治虫
'46年のデビューから'67年までの傑作選上巻。「鉄腕アトム」「ジャングル大帝」など代表作とともに若き日の初々しい作品が味わえる。'68年以降の下巻に続く。
978-4-334-03648-5

546
個人美術館の愉しみ
赤瀬川原平
個人美術館とは、一人の作家だけの美術館と、一人のコレクターによって作り上げられた美術館のこと。日本全国にある、魅力ある個人美術館を厳選。赤瀬川さんが紡ぐ46の物語。
978-4-334-03649-2